『삼국유사』의
신화 이야기

『삼국유사』의 신화 이야기

신화인가? 역사인가?

초판 1쇄 발행 2018년 6월 7일
초판 2쇄 발행 2018년 9월 5일

‒

지은이 최광식
펴낸이 이방원
편 집 홍순용 · 김명희 · 이윤석 · 안효희 · 강윤경 · 윤원진
디자인 손경화 · 박혜옥
마케팅 최성수

‒

펴낸곳 세창출판사
신고번호 제300-1990-63호
주소 03735 서울시 서대문구 경기대로 88 냉천빌딩 4층
전화 02-723-8660   **팩스** 02-720-4579
이메일 edit@sechangpub.co.kr   **홈페이지** http://www.sechangpub.co.kr

‒

ISBN 978-89-8411-753-2 93910

이 도서의 국립중앙도서관 출판시도서목록(CIP)은 서지정보유통지원시스템 홈페이지(http://seoji.nl.go.kr)와
국가자료공동목록시스템(http://www.nl.go.kr/kolisnet)에서 이용하실 수 있습니다. (CIP제어번호: CIP2018016435)

‒ 이 책은 고려대학교 문과대학 박준구기금 인문교양총서 지원으로 출간되었습니다.

최광식 지음

『삼국유사』의
신화 이야기

신화인가? 역사인가?

세창출판사

책을 내면서

고려대학교 사학과에 입학해서 처음으로 받은 과제가 『삼국사기』
와 『삼국유사』를 비교하라는 것이었다. 『삼국사기』를 읽어 보니 인
간이 보이지 않고 사실 나열에 불과해 무미건조하였지만, 『삼국유
사』는 인간의 모습이 생동감 있게 서술되었으며 토착신앙 등 한국문
화의 정서를 잘 표현하여 감칠맛이 있었다. 따라서 『삼국유사』를 평
생 동안 공부해 보겠다는 생각으로 대학원에 진학하였다. 『삼국유
사』의 원전을 동료들과 읽어 나가면서 석사 논문 「무불습합에 대한
일고찰」을 발표하여 무속신앙과 불교와의 융화현상에 주목하였다.
그러나 당시 고대사학계에는 『삼국유사』는 야사, 『삼국사기』가 정사
라고 보는 분위기가 지배적으로 깔려 있었다.

그 후 대구의 효성여자대학교 국사교육학과 교수로 부임하면서
국문학, 국어학, 불교사, 미술사, 철학 전공 교수들과 『삼국유사』 윤
독회를 만들어 몇 년간 윤독을 하면서 교감작업을 하여, 그 교감 내
용물을 정리하여 『한국전통문화연구』에 게재하였다. 그러다 1995년
고려대학교로 옮기면서 고려대 대학원생들과 함께 윤독을 이어 나

갔다. 그 교감한 내용을 『한국사학보』에 2002년부터 다시 연재하기 시작하였으며, 그 결과물을 모아 2009년에 『점교 삼국유사』를 간행하였다.

그리고 『삼국유사』의 내용을 중심으로 '디지털 사전 박물지' 프로젝트를 진행하여 콘텐츠문화진흥원의 홈페이지에 탑재하고, 이를 토대로 하여 2014년 『역주 삼국유사』 3권을 간행하였다. 이러한 과정에서 『삼국유사』가 『삼국사기』를 의식하여 이를 보완하기 위해 찬술한 것이 아니라 민족의 문화유산을 남기기 위한 별개의 아카이브로서 간행되었다는 것을 알게 되었다.

그리고 일연선사가 유·무형의 문화유산을 남기기 위해 『삼국유사』를 찬술하였으며, 고대의 역사와 불교뿐만 아니라 신화와 설화 및 향가를 남긴 것이 『삼국유사』 찬술의 문화사적 의의라는 것을 밝혔다. 서양에서는 그리스와 로마의 신화가 서양문화의 근간이듯이 우리나라에서는 『삼국유사』에 실린 건국신화와 시조신화가 우리 민족문화의 근간이라고 할 수 있다. 그러나 일반인이나 학생들은 그리스와 로마신화에 대해서는 잘 알고 있어도 정작 우리 민족문화의 근간인 고대의 신화에 대해서는 잘 모르고 있는 실정이다.

따라서 그동안 학술지에 실렸던 신화와 제의에 대한 논문들을 중심으로 일반인과 학생들이 읽기 쉽도록 신화의 현장 답사를 통해 현장감을 주면서 『삼국유사』에 실린 건국신화와 시조신화에 대해 이야기하는 형식으로 꾸며 보았다. 『삼국유사』뿐만 아니라 『삼국사기』 등 한국의 사서, 그리고 『삼국지』 등 중국의 사서와 「광개토대왕비」

등 금석문에 나타난 신화에 대한 내용을 비교하면서 고찰하였다.

　교수 정년퇴임을 앞두고 이런 작업을 할 수 있도록 현장답사를 하는 데 재정적 지원을 제공해 준 박준구 회장님과 문화유산 현장 사진을 도와준 최희준 선생, 꼼꼼하게 교정을 보아 준 문화유산 협동과정 최유진 대학원생, 그리고 좋은 책으로 꾸며 준 세창출판사에 감사를 드린다.

2018년 5월
안암의 언덕에서 최 광 식

차 례

서 장
· · · · ·

신화는 신들의 이야기이지만 인간들이 필요에 의해 만들어 낸 이야기이며, 역사적 사실과 관련된 신화는 역사적 의미를 지니고 있다. 따라서 한국 고대의 신화는 고대사회의 역사적 발전 과정을 잘 반영하고 있다. 특히 건국신화는 역사성이 농후하며, 동시에 당시 사회의 반영이 높은 상징적 측면과 역사적 측면을 강하게 지니고 있으므로 신화의 해석과 더불어 사회상 연구가 기반이 되고 상호 보완되어야 한다.

종래 한국 고대의 신화는 식민사학의 영향으로 단지 허황된 이야기이거나 원시적인 신앙과 관련시켜 이해되었다. 또한 천강신화와 난생신화의 개념을 가지고 북방문화와 남방문화를 나누는 도식적인 이해를 위한 자료로 이용되기도 하였다. 또는 이를 일률적으로 천신족과 지신족의 결합으로 이해하기도 하였다. 그러나 1970년대 이후 고고학 발굴 성과와 인류학의 도입으로 고대사에 대한 이해가 새롭게 진행되면서 건국신화를 국가형성과 관련시켜 보게 되었다. 물론 신화의 내용 모두를 긍정하고 신빙하자는 것이 아니라 역사적 반영으로서 이해하자는 것이다. 신화의 구조와 내용을 역사적 사실과 관런시켜 고대 국가의 형성과 발전 과정을 이해하고자 하며, 이를 통하여 고대문화의 특성을 살펴볼 수 있을 것이다.

신화의 대상인 신들이란 초월적인 절대적 신에 대한 것뿐만 아니라, 신과 같은 인간적 존재로서 영웅적이고 위대성을 가진 인격적 존재도 포함할 수 있다. 신화에는 우주적이고 절대적인 세계를 상정하고 있는 것을 보여 주는 내용들이 나타나고 있다. 그러나 그러한 것은 논리적으로 검증할 수 없는 것이며, 객관적으로 부정할 수도 없는 것이다. 그래서 신화에 대한 연구는 궁극적으로 인간의 상상력을 필요로 한다. 상상력은 시간과 공간을 넘나드는 자유로운 인식의 발로이며, 가시적 세계뿐만 아니라 보이지 않는 세계도 함께 파악하려는 태도이다. 따라서 신화에 대한 연구는 궁극적으로 해석학적이며, 합리적인 파악과 더불어 상상력을 동원하는 '상상력적 해석학'이라고 할 수 있다. 인간은 상상력 속에서 과거와 현재의 연결을 자유롭게 매개할 수 있으며, 머나먼 과거시대 인간들의 사고와 의식, 그들의 정신세계에 추체험적으로 다가갈 수 있다. 또한 상상력의 순간, 이미 아득한 시간 속에 묻혀 버린 과거 경험의 의식세계를 현실에서 느껴 볼 수 있는 것이다. 상상력의 자유로운 활동은 인간의 정신적 활동이며, 역사의 과정 속에서 정신적 발전과정이라고 할 수 있다. 따라서 직접 경험한 가시적 세계뿐만 아니라 보이지 않는 정신적 경험세계가 존재하고 있다는 인식에서 자유로운 상상력을 발휘할 수 있는 것이다. 이러한 상상력은 해석 주체의 인식이 가능한 영역을 극대화하는 방법이며, 신화의 내부적 구조와 외부적 구조, 그리고 그것의 본질적 의미를 파악할 수 있는 기본적인 방법이다. 그러나 상상력이 무분별하게 이루어지고, 신화 해석자의 객관성이 담보되지 않는다면 의미가 있는 연구 성과가 보장될 수 없을 것이다. 그러므로 우리는 풍부한 상상력과 더불어 그것의 객관성을 끊임없이 성찰함으로써 보다 합리적 해석에 가까워질 수 있을 것이다. 신화 연구에 있어서 상상력은 압축된 현재 속에서 과거에 발생한 고대인들의 정신세계를 영원성에서, 그리고 역사성에서 순간적으로 파악하고 그것을 해석의 구조 속에서 드러낼 수 있는 능력을 갖게 해 줄 것이다. 그리고 그것은 해석의 객관성을 향한 부단한 노력을 함께함으로써 보다 타당성이 있는 신화 연구가 가능할 수 있을 것이다.

신화는 인간의 상상력을 통해 비현실적인 내용들을 담고 있지만 인간의 생활을 반영하고 있기 때문에 역사적 현상을 포함하고 있기도 한다. 따라서 신화는 인간의 본질적인 내면의 정신세계를 표출하면서, 인간세계의 현실적 모습을 나타내고 있는 것이다. 따라서 신화는 인간의 영원성과 더불어 역사성을 함께 표현하고 있는 것이다. 세계의 신화들을 살펴보면 하늘과 땅, 인간의 탄생에 대한 이야기를 담고 있는 것이 공통점이라고 할 수 있다. 그러나 나라마다, 또는 민족마다 다른 양상을 보이고 있는 것을 볼 수 있다. 그리스나 로마의 신화는 천신인 제우스신이 있으나 각 신들이 여러 직능을 분담하고 있는 모습을 보이고 있다. 동양의 신화는 그러한 면도 있지만 천신을 중심으로 하이어라키적 관계를 보이고 있다. 한국의 신화는 천신이나 지신, 산신, 수신들이 나타나지만 결국 국가 형성과 밀접하게 관련되고 있는 것이 특징이라고 할 수 있다.

물론 천지왕본풀이나, 당금아기 신화와 같이 우주의 천지창조에 대한 신화가 구전으로 전하고 있기는 하지만 한국 고대신화의 대부분은 국가를 형성하는 건국신화가 대종을 이루고 있다. 『삼국유사』 '고조선조'에 전하는 소위 '단군신화'를 비롯하여 부여의 '동명신화', 신라의 '박혁거세 신화', 금관가야의 '김수로 신화'와 대가야의 '이진아시 신화' 등이 대표적인 것이라고 할 수 있다. 또한 후삼국시대의 궁예와 견훤 및 왕건의 신화도 건국신화라고 할 수 있는 것이다. 전자가 고대 국가의 건국신화라고 한다면 후자는 중세 국가의 건국신화라고 할 수 있을 것이다.

한국 고대 국가의 건국신화에 대해『삼국유사』에 실려 있는 내용을 중심으로 나라별로 살펴보도록 하겠다. 또한 삼한의 '6촌장 신화', '석탈해 신화', '김알지와 미추왕 신화' 등 시조신화에 대해서도 함께 살펴보도록 하겠다. 이러한 건국 시조나 성씨 시조의 등장에는 반드시 동반자가 함께 나타나므로 동반자와 함께 살펴보도록 하겠다. 신화의 주인공도 중요하지만 그 동반자도 신화의 주인공 못지않게 중요하며, 그 신화의 성격을 보다 분명하게 규정할 수 있다.

신화는 신들의 이야기이지만 인간들의 상상력에 의해 만들어져 사회상을 잘 반영하고 있으므로 당시의 역사를 연구하는 데 아주 중요한 자료이다. 그러나 신화의 내용을 그대로 역사적 사실로 인정할 수는 없는 것이다. 신화를 통하여 당시의 사회적 상황을 해석하여 유추할 수 있는 것이다. 그런 면에서 신화 내용의 현장에서 신화의 내용을 반추하면서 신화의 역사성을 해석하는 작업은 신화의 또 다른 측면을 보여 주며 현장감을 줄 수 있을 것이다.

종래 한국 고대 신화에 대한 연구는 역사학에서 많이 이루어졌으나 이는 국가형성과 관련되어 이루어졌다. 따라서 역사적 의미를 규명하는 데 초점이 맞추어져 있어 신화의 본질적 의미에 대해서는 소홀한 면이 있었다. 한편 민속학에서도 연구가 이루어졌으나 이는 주로 민속신앙과 관련되어 이루어졌다. 그러다 보니 현재의 민속적 관점이 깊게 투영되었다고 할 수 있다. 사실 신화는 역사학과 민속학 등 여러 분야의 입장에서 종합적으로 이루어져야 신화의 내용과 성격을 제대로 파악할 수 있는 것이다. 여기서는 『삼국유사』에 실려 있는 건국신화와 시조신화를 역사학과 민속학 등 여러 학문 분야를 아우르는 종합적 시각에서 살펴보도록 하겠다.

1장
『삼국유사』와 신화

　『삼국유사』는『삼국사기』와 함께 우리 고대사를 연구하는 데 있어 매우 중요한 사료이다.『삼국사기』는 유학자인 김부식에 의해,『삼국유사』는 승려인 일연에 의해 쓰여졌다는 것은 누구나 알고 있는 사실이다.『삼국유사』는 책 이름에서 착안하여 고구려·백제·신라 등 삼국의 역사에서 빠진 부분을 모은 야사라고들 흔히 말한다. 즉 유학자 김부식이 지은 정사『삼국사기』에서 다루지 않은 역사적 사실과 여러 이야기들을 보충하여 저술한 것으로 보고 있다. 그러나『삼국유사』는『삼국사기』를 단지 보충하였다는 데 그치지 않고, 우리의 역사를 반만년의 유구한 역사라고 일컬을 수 있도록 하는 귀중한 기록을 남기고 있다.

　책 이름은 『삼국유사』이지만 고구려·백제·신라 3국뿐만 아니라
고조선, 부여, 삼한, 가야, 발해 등 우리나라의 고대 국가 모두를 망
라하고 있다. 특히 '고조선조'에서 소위 '단군신화'를 통해 우리의 역
사가 중국의 역사와 같은 시기에 시작하였다는 것을 보여 줌으로써,
우리 역사의 독자성과 유구함을 분명히 밝히고 있다. 또한 한반도의
북쪽에 존재하였던 부여, 남쪽에 존재하였던 삼한에 대한 기록을 남
겨 삼국 시기 이전의 상고사를 체계적으로 서술하고 있다.

　또한 『삼국유사』에는, 『삼국사기』에 국명만 언급한 가야와 발해에
대한 기록을 남겨 한국사의 범주를 분명히 하고 있는 것을 볼 수 있
다. 따라서 저간에 일본과 중국이 한국의 역사를 왜곡하는 데 대응

하여 가야사와 고구려사 및 발해사의 정체성을 분명하게 확인시켜 준다고 하겠다. 만약『삼국유사』가 남아 있지 않고『삼국사기』만 남아 있었다면 중국의 '동북공정'에 의한 고구려사 왜곡에 어떻게 대처하였을지 생각만 해도 아찔하던 경험이 있다. 또한『삼국유사』의 「가락국기」가 없었다면 일본의 '임나일부본설'을 비롯한 '남조선경영설'에 어떻게 대응하였을지 궁금해진다. 더구나『삼국유사』는 불교와 토착신앙에 대한 기록을 남겨, 우리의 고유한 문화를 엿볼 수 있는 귀중한 문화유산의 보고 역할을 하고 있다. 불교가 전래되기 이전의 토착신앙과 불교가 수용되면서 대립과 갈등하는 모습과 융화되어 가는 과정을 사실적으로 보여 주고 있다.

한편『삼국유사』에는 향가 14수와 찬시 48수가 남아 있어서 우리 민족의 정서를 살펴볼 수 있으며, 한국 문학의 원초적 양상을 고찰할 수 있다. 또한 많은 설화들과 서민들의 생활문화에 대한 모습을 남기고 있어서 각각 한국 고전문학과 민속문화의 아카이브라고 할 수 있다. 특히 건국신화와 시조신화를 기록으로 남겨 한국사를 체계화하고, 각 왕조의 건국과정을 보여 주고 있다.

따라서『삼국유사』는 한국의 고대 문화사를 연구하는 데 있어서 기본 텍스트라고 할 수 있다. 뿐만 아니라 한국의 전통문화를 이해하는 데 필독서라고 할 수 있다. 따라서『삼국유사』는 일찍부터 작가들의 문학적 소재로서 활용되었으며, 영화나 드라마로도 제작되어 최근에는 한국 문화콘텐츠의 원형으로서 자리 매김을 하고 있다.

1. 『삼국유사』의 신화

『삼국유사』는 『삼국사기』와 달리 고구려와 백제 및 신라의 삼국뿐만 아니라 그 이전의 고조선과 위만조선, 마한, 72국, 낙랑국, 남대방, 북대방, 5가야, 북부여, 동부여, 말갈발해 등 고대의 여러 나라에 대한 자료를 남기고 있다. 따라서 삼국 시대 이전부터 우리나라의 역사가 시작되었다는 것을 분명히 말해 주고 있는 것이다. 특히 북부여와 동부여 및 발해 등 북쪽 지역의 국가들에 대해 서술함으로써 광범위한 한국 고대 국가의 공간적 영역을 보여 주고 있는 것이다. 또한 '고조선-위만-삼한'이라는 계통을 체계화하고, 기자조선은 강조하고 있지 않고, 오히려 기자조선을 단군의 고조선 속에 흡수하고 있다. 또한 『삼국사기』에는 소략하게 기록되어 있는 가야에 대하여 「가락국기」를 남김으로써 가야의 역사를 복원할 수 있게 하였다는 데 큰 의미가 있다. 『삼국사기』나 『삼국유사』가 모두 신라사 중심으로 되어 있기는 하지만 『삼국유사』는 『삼국사기』에 비하여 고대 여러 나라의 역사를 망라하고 있는 것이 특징이다.

『삼국사기』는 발해를 우리 역사 범위 안에서 별로 언급하지 않았지만, 『삼국유사』는 '말갈발해조'를 통해 발해를 분명하게 포함하고 있다. 다만 신라사 중심으로 기술될 수밖에 없었던 것은 역사인식의 문제가 아니라 일연이 수집할 수 있는 자료의 문제에 기인한 것이라 할 수 있다. 즉 고려후기에 남아 있던 자료의 대부분이 신라사 자료였고, 그 밖의 나라에 대한 자료는 소략하게 남아 있었기 때문이라

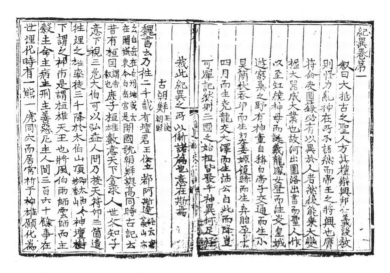

생각한다.

『삼국유사』 기이편 1은 '고조선 단군왕검조'부터 '장춘랑 파랑조'까지 36개의 편목이 설정되어 있다. 이 중에서 가장 중요한 것은 '고조선 단군왕검조'로서 소위 '단군신화'가 실려 있다. 이것을 통하여 우리는 우리 역사의 뿌리를 삼국시대부터가 아니라 고조선시대부터라고 주장할 수 있으며, 반만년의 역사를 논할 수 있는 것이다.

환인은 일연이 제석천이라고 주석을 달고 있는 것을 볼 때 하늘을 의미한다. 따라서 환웅은 하늘의 자손을 뜻하며, '환웅신화'는 곧 하늘로부터 환웅이 내려온 천강신화라 할 수 있다. 환인의 아들 환웅이 인간 세상에 뜻을 두고 있는 것을 알고, 아버지 환인이 아들인 환웅에게 무리 삼천 명을 내어 지상세계에 내려가게 하였다. 풍백·우사·운사를 데리고 온 것도 환웅이고, 곡식·생명·형옥·선악을 주관한 것도 환웅이며, 홍익인간의 뜻을 펼치려고 한 것도 단군이 아니라 환웅이다. 또한 곰과 범에게 쑥과 마늘을 준 것도 환웅이며, 웅녀와 결합하여 혼인을 하여 단군을 낳은 것도 환웅이다. 따라서 고조선조의 중요한 부분을 이루고 있는 주인공은 환웅이므로 우리는 이 신화를 '환웅신화'라고 부르는 것이 합리적이라고 할 수 있다. 물론 결국 그의 아들 단군이 개국을 하였으므로 건국신화의 요소도 갖고 있지만 주요한 포인트는 환웅이 인간을 창조하였다는 것과 농경을 시작하였다는 것이고, 그것을 기반으로 그의 아들 단군이 결과적으로 건국을 할 수 있었다는 것이다.

신화는 그 자체가 모두 역사 사실일 수는 없다. 그러나 신화는 어떤 역사적인 사실이나 상황을 상징적으로 반영하고 있기 때문에 단지 허구로 보아서도 안 된다. 따라서 고고학 자료와 민속학 자료를 이용하여 신화를 재해석하고 그 당시의 역사적 상황을 복원하는 작업이 필요하다. 여기서 중요한 것은 우리 역사의 출발점을 단군왕검의 고조선으로 잡고, 그 시조를 중국이 아닌 하늘과 연결시키고 있다는 점이다.

또한 기이편의 역사적 가치는, 고조선뿐만 아니라 부여, 고구려, 백제, 신라, 가야 등의 건국시조에 대한 기록을 비교적 상세하게 남기고 있다는 점이다. 특히 신라의 신화는 '박혁거세 신화', '석탈해 신화', '김알지 신화' 등이 『삼국유사』에 실려 있다. '박혁거세 신화'는 시조신화이면서 신라 건국신화이기도 하며, '석탈해 신화'와 '김알지

신화’는 시조신화의 의미만 갖고 있다.

　종래는 신라의 신화를 식민사학의 영향으로 단지 허황된 이야기이거나 원시적인 신앙과 관련시켜 이해하였다. 또한 천강신화와 난생신화를 가지고 북방문화와 남방문화를 나누는 도식적인 이해를 위한 자료로 이용되기도 하였다. 또는 일률적으로 천신족과 지신족의 결합으로 이해하기도 하였다. 그러나 70년대 이후 고고학 발굴 성과와 인류학의 도입으로 고대사에 대한 이해가 새롭게 되면서 건국신화를 국가형성과 관련시켜 보게 되었다. 그리고 난생신화는 남방에서 전래되었을 것이라는 일본인 학자들의 견해를 극복하게 되었다. 물론 신화의 내용 모두를 긍정하고 신빙하자는 것이 아니라 역사적 반영으로서 이해하자는 것이다.

　‘박혁거세 신화’는 『삼국사기』, 『삼국유사』, 『제왕운기』 등에 실려있는데 그 내용은 대동소이하다. 6부의 촌장들이 알천의 언덕에서 모여 의논하다가 양산의 나정 곁에서 알을 얻어 깨어나니 그를 혁거세왕으로 받들었다는 것이다. 신화의 주인공은 큰 알로서 이는 흔히 난생신화로 이해하여 남방문화의 신화로서 이해하기도 하였다. 천강신화는 북방신화이며 난생신화는 남방신화라는 것이다. 그러나 부여와 고구려의 신화에도 난생신화의 요소가 있으며, 신라와 가야의 신화도 천강신화의 요소를 갖고 있다. 따라서 우리나라의 건국신화는 천강신화와 난생신화의 요소를 모두 갖고 있다고 할 수 있다. 천강신화의 요소만이 있는 것은 ‘환웅신화’로서 지역적인 차이가 아니라 시대적 차이가 있는 것이다. 즉 천강신화적 요소가 시기가 앞서고, 난생신화적 요소가 시기가 늦은 것으로 보는 것이 순리적일 것이다.

박혁거세 신화는 천강신화와 난생신화가 결합되어 있으며 그 신이한 등장을 말이 알려 주고 있다. 또한 혁거세의 신이함은 알영의 신이한 탄생과 신성혼이 더욱 보강해 주고 있는 것이 특징이다. 알영의 탄생은 용과 우물과 관련되어 있으므로 이것은 물과의 관련을 의미하며 결국 농경과 깊은 관련을 보이고 있는 것이다.

『삼국유사』에는 건국신화인 '박혁거세 신화'와 아울러 시조신화인 '석탈해 신화'와 '김알지 신화'가 있다. 즉 신라는 박씨의 시조인 박혁거세와 월성 석씨의 시조인 석탈해, 그리고 김씨의 시조인 김알지에 대한 신화를 가지고 있다. 그리고 신라는 박씨뿐만 아니라 석씨와 김씨가 왕위를 차지하였다. 고구려나 백제와는 달리 3성이 왕위를 차지하였기 때문에 3성의 시조신화가 전해지고 있는 것이다.

신라 제5대 임금인 석탈해는 제4대 임금인 유리왕을 이어 즉위하였다. 그는 월성 석씨의 시조로서 그의 탄생에 대한 이야기도 신이함을 바탕으로 신화로서 전하고 있다. 그에 대한 신화는 『삼국유사』에 실려 있는데 '석탈해 신화'는 '박혁거세 신화'보다 매우 사실적이다. 고기잡이를 생업으로 하고 학문과 지리를 익혀 노력을 통하여 자기의 실력을 과시하였다. 탈해가 나타난 아진포 지역과 활동 지역을 볼 때 해상활동과 관련된 점이 특징이라고 할 수 있다. 물론 탄생의 신이함과 골상이 비상한 점 등은 신화적 요소를 지니지만 그의 노력은 매우 인간적이다. 친어머니도 있고 양어머니도 있는 점도 인간적 묘사라고 하겠다. 또한 거짓 꾀를 내어 호공의 집을 취하는 대목은 매우 사실적으로 보인다. 이에 대한 보다 자세한 내용은 『삼국유사』 '탈해왕조'에 실려 있다.

탈해는 그 골상이 크고 신이하였으며 또한 신탁으로 동악에 안치하게 하여 동악인 토함산과의 관계가 긴밀하게 나타나 있다. 일연의 주석에는 탈해왕이 붕어한 후 문무왕의 꿈에 노인의 모습으로 나타나 토함산에 소상을 만들라고 하므로 문무왕이 이를 따라 국가제사가 끊이지 않으니 동악신이라 하였다고 하였다. 『삼국유사』를 통시적으로 살펴볼 때 통일전쟁을 전후하여 노구나 노모의 용어가 보이지 않고 노옹이나 노인으로 나타난다. 탈해는 토함산에 올라 양산을 바라보고 호공의 집을 취하였으며 요내정에서 하인인 백의의 충성을 시험하였으며 문무왕 대부터는 동악신으로서 국가제사의 대상이 되어 그 제사가 고려시대까지도 끊이지 않았다고 기록되어 있어 그 신앙이 지속되고 있는 것을 알 수 있다.

경주 김씨의 시조 김알지에 대한 신화는 『삼국사기』와 『삼국유사』에 실려 있는데 신성성이 농후하다. 탈해왕 9년(65) 3월에 왕이 밤에 금성의 서쪽 시림 나무 사이에서 닭이 우는 소리를 들었다. 여기서도 박혁거세 신화와 마찬가지로 신화의 현장은 숲이다. 또한 알지의 탄생을 알리는 데 닭 우는 소리가 난 것은 혁거세의 탄생을 알리는 말 우는 소리와 같은 유형이다. 알지의 모습을 처음으로 본 것은 호공인데, 호공은 바로 석탈해에게 집을 빼앗기고 대보에 오른 사람이다. 금색의 조그마한 함이 나뭇가지에 걸려 있다고 한 것으로 보아

•••••• 보각국사탑비

•••••• 군위 인각사 보각국사탑
　　　 출처: 문화재청

나뭇가지를 통해 내려왔음을 유추할 수 있다. 금함 안에 사내아이가
있었다는 것은 난생이 아니라 태생임을 알 수 있다. 그렇기 때문에
'알지'라 하였는데 '알지'는 '아기'라는 뜻이다. 이것을 난생으로 생각
하여 알로 파악한 것은 명백히 잘못된 것이다.

　김알지는 일반적으로 천강신화와 난생신화가 복합된 것으로 이
해하였으나 그는 태생이다. 금함에서 나왔다고 되어 있을 뿐 알에
서 나왔다는 기록이 없는데도 확대 해석한 것이다. 이는 난생신화
라고 몰아붙이기 위한 견강부회라고 할 수 있다. 실제로 알지의 신
화는 매우 인간적이며 사실적이다. 석탈해 신화와 마찬가지로 호공
이 나타나고 있어 정치세력과의 관련성을 의미하는 것이라 생각한

다. 알지 탄생의 중요한 점은 금함에서 태어났다는 점이다. 따라서 알지 탄생의 중요한 의미는 발달한 철기와 제련기술이라고 할 수 있으며 북방세력의 진출과 관련이 있는 것이다. 김알지 신화의 사실성은 가계가 나타나 있는 것으로 알 수 있으며 신화로서는 후대적 표현이라고 생각된다.

'박혁거세 신화', '석탈해 신화', '김알지 신화'는 각기 시대적 특징을 보여 주고 있다. '박혁거세 신화'는 농경생활, '석탈해 신화'는 해상활동, '김알지 신화'는 발달된 제철기술을 반영하고 있으며 각 신화는 시기적 발전과정을 보여 주고 있다. 이러한 여러 계통의 신화가 나타난 것은 고구려나 백제에는 볼 수 없는 것으로 신라의 특징이다. 이러한 여러 계통의 신화가 남아 있는 것은 신라문화의 다양성과 융합성을 보여 주고 있다. 우리는『삼국유사』를 통해 신라문화가 일찍부터 문화융화^{Acculturation}현상을 특징으로 하였다는 것을 알 수 있다.

2.『삼국유사』와 민속

『삼국유사』에는 지금은 사라진 많은 민속을 기록으로 남기고 있어서 민속문화 데이터베이스라고 할 수 있다. 고조선조의 '환웅신화'를 보면 천신신앙, 산신신앙, 수목신앙, 토테미즘 등 토착신앙에 대한 내용뿐만 아니라 삼칠일, 백일, 돌 등 민속의례는 물론 환인과 환웅 및 단군 등 삼신을 모시는 삼신신앙의 원초적 모습을 남기고 있다. 아울러 노구와 노옹 등에 관한 귀중한 기록을 남겨 고대 토착신앙에 대한 실상을 엿볼 수 있다. '김유신조'에서는 화랑의 수련과정과 신비체험, 그리고 호국 여삼신의 실체와 관계를 보여 주고 있다.

'문무왕법민조'에서는 화장의례와 용신신앙에 대한 자료를 남기고 있으며, '수로부인조'와 '처용랑 망해사조' 및 '진성여왕 거타지조'에도 용신과 관련된 내용이 실려 있다. 한편 '가락국기조'에는 수로왕의 등장과 함께 황후 허황옥과의 국제 혼인의례 과정이 사실적으로 실려 있다.

한편 '아도기라조'를 보면 '전불칠처가람지허'라고 하여 고대 토착신앙의 흔적을 잘 남기고 있다. 전불시대 7곳의 절터라고 하면서 천경림(흥륜사), 삼천기(영흥사), 용궁 남(황룡사)과 북(분황사), 사천미(영묘사), 신유림(사천왕사), 서청전(담엄사) 등이라 하였는데 그 명칭을 통해서 알 수 있듯이 모두 불교가 전래되기 이전의 토착신앙의 제의 장소였음을 알 수 있다. 그 명칭으로 볼 때 천경림은 천신신앙, 삼천기와 사천미는 하천신앙, 용궁은 용신신앙, 신유림은 수목신앙, 서청전은 토지신앙의 제장으로 고대의 토착신앙의 면모를 보이고 있다. 이러한 7처 가람에 대해, 신라 중대 말부터 하대 전반기에 왕실과 승려들에 의해 초전불교를 강조하기 위해서 신라 불국토사상으로 형성되었다고 보기도 한다. 한편 왕경의 천도와 관련하여 이를 반대한 신라 귀족들에 의하여 형성된 것으로 보기도 한다.

한편 '선도산 성모수희불사조'는 토착신앙과 불교와의 관계를 잘 보여 주고 있다. 비구니 지혜가 불사를 하려는데 선도산 성모가 꿈에 나타나 불사를 도와주는 대신 불·보살과 함께 육류성중과 제천신·오악신군 등을 받들라는 내용은 산신신앙과 불교와의 융화현상을 보여 주고 있다. 현재 절에서 불·보살을 모시는 대웅전과 함께 산신을 모시는 산신각이 공존하는 전통이 이때부터 시작되었다는 것을 알 수 있다.

한편『삼국유사』는 당시 서민들의 신앙과 생활에 대한 기록을 남겨 놓았다는 데 큰 의미가 있다.『삼국유사』에 실린 서민관계 사료가 바로 민중을 중심으로 하는 사관 속에서 나온 것은 아니다. 또 일연이 왕실을 비롯한 집권층과 가깝게 지냈던 행적을 감안한다면 문제가 있을 수 있다. 그러나『삼국유사』에는 서민과 관련된 기사가 많이 실려 있으며, 특히 서민 생활에 대한 기록이 비교적 많이 있다. 더구나 지배층 위주로 찬술되어 있는『삼국사기』와 비교해 볼 때 그 의미는 더욱 커질 수 있다. 일연이 민중주체사관을 갖고 있었던 것은 아니지만 역사에 있어서 서민들의 역할을 중요시하고 서민생활에 관심을 갖고 있었다는 데 중요한 의미가 있는 것이다. 분황사의 천수관음은 이름 없는 아이의 소원을 들어 그 먼 눈을 뜨게 하며, 민장사의 관음보살은 한 가난한 여자의 소원을 들어 만 리 밖에 표류해 간 그 아들을 데려다준다. 황룡사의 승려 정수는 눈 깊은 겨울밤의 길가에서 아이를 낳고 얼어 죽어 가는 거지 모자를 자신의 체온으로 살려 내고 자기의 옷으로 구해 주고는 하늘의 지시에 따라 국사가 된다. 한편 이량공의 가노였던 지통이나 아간 귀진의 노비였던 욱면은 그 주인인 귀족보다도 먼저 성불의 길에 오른다.

이들 자료는 신라 백성의 민속생활을 바탕으로 하여 서술되었다고 할 수 있다. 그리고 오늘날 우리에게 남아 있거나 지금은 소멸된 한민족의 여러 가지 민속들의 뿌리가 대부분 『삼국유사』에 기록되어 있는 사실을 알 수 있다. 일연은 역사적 '사건'보다 '사람과 문화와 사회'를 우위에 두고 저술함으로써 『삼국유사』는 우리 고대문화에 대한 역사적 민족지로서 그 의미가 크다. 우리 민족의 전근대사회에 있어 지배엘리트들이 남긴 자료는 대부분 자신들에 대한 내용들만을 남기고 있다. 그런 면에서 일연은 『삼국유사』에 서민들에 대한 관심을 두고 그들의 신앙과 생활에 대한 기록을 남기고 있다는 점에서 역사민속학적 의미가 크다고 하겠다.

3. 『삼국유사』의 문화사적 의의

『삼국유사』는 그 명칭으로 미루어 짐작하건대 『삼국사기』를 보충한다는 뜻을 가지고 저술한 것으로 보고 있다. 그러나 단순한 보충이 아니고, 저자 일연이 관심을 두고 있는 분야의 사료들을 광범하게 수집 분류하여 일정한 체제를 갖춘 사서로 재구성한 것이다. 더구나 그는 자료들을 『삼국사기』에서와 같이 편찬자의 목적에 맞추어 수정·가필한 것이 아니라 전거의 제시와 함께 그 원형을 살려 소박한 내용을 그대로 전해 주고 있다. 그런 면에서 『삼국유사』가 『삼국사기』보다 사료적 가치가 더 높다는 평가를 할 수 있다.

　또한 현재 남아 있는 한국 고대사 관련 사료가 『삼국사기』와 『삼국유사』이기 때문에 『삼국사기』를 의식해서 『삼국유사』를 썼다고 하는 이야기가 일반화되고 있지만 『삼국유사』 서문에서는 그러한 내용이 나타나 있지 않다. 또한 '유사遺事'를 『삼국사기』에서 다루지 않았던 이야기들을 정리한 것이라고 하지만 시조신화와 불교 수용 관계 기사를 보면 『삼국사기』와 겹치는 부분이 많으며, 『삼국사기』를 많이 인용하고 있는 것이다. 따라서 『삼국유사』는 『삼국사기』에 누락된 기사를 모아서 '남긴' 것이 아니라는 것을 알 수 있다. 『삼국유사』의 '유사'는 일연이 1231년 이후 몽고가 침입하여 우리의 황룡사와 대장경을 불태워 소실되자 민족의 문화유산을 남겨야 하겠다는 의도에서 자료를 모으기 시작하였던 것이다. 남해의 정림사에서 대장경을 다시 간행하는 작업에도 참여하였던 일연은 그 당시까지 남아 있던 일반사와 불교문화사에 해당하는 자료들을 모아 민족문화 데이터베이스를 구축한 것이다. 신화와 설화 및 향가는 무형의 문화유산이며, 탑상편은 유형의 문화유산에 관련된 기록이라고 할 수 있다. 따라서 『삼국유사』는 민족문화유산의 아카이브라고 할 수 있는 것이다. 그런 점에서 『삼국사기』를 정사라 하고, 『삼국유사』를 야사라고 하는 육당 최남선의 견해는 이제는 극복되어야 할 것이다. 『삼국사기』는 왕명을 받고 편찬한 정치사를 위주로 편찬한 관찬사서이며, 『삼국유사』는 개인에 의해 문화사를 위주로 편찬한 사찬사서라고 불러야 할 것이다. 요즈음 표현대로 하자면 『삼국사기』는 국정 교과서, 『삼국유사』는 대안 교과서라고 할 수 있다.

그러나『삼국유사』편찬의 의의가 여기에 그치는 것은 아니다. 『삼국유사』에는 민족적 자주성을 강조하는 입장이 잘 나타나 있다. 즉 우리 역사의 출발점을 단군의 고조선으로 잡고, 그 시조를 중국이 아닌 하늘과 연결시키고 있으며, 우리 고유문화와 전통을 소중하게 다루고 있다. 즉 민족사의 자주성과 그 문화의 우위성을 강조하는 인식이 전편에 흐르고 있다.『삼국사기』에서는 다루지 않은 고조선, 부여, 발해, 가야 등을 우리 역사체계 안에서 이해하고 있다. 이것은 우리의 역사와 문화가 유구하면서도 독자성을 가지고 있다는 인식에서 비롯된 것이다. 그와 같은 자각은 몽고와 긴 전쟁을 치르고 그들의 압제를 받게 된 현실에서 발흥한 민족적 자주 의식의 표현으로 이해할 수 있다. 중국에 대한 자국의 역사의 대등성, 그 유원한 자주성을 역설한 것은 이민족의 압제를 받아들일 수밖에 없던 당시의 현실에서는 곧 저항적 민족의식의 표현이었다고 할 수 있다.

한편『삼국유사』는 그 내용이 한국의 전통적인 정서와 맥이 닿아 있으므로 소설이나 시 등 근대문학의 소재로 많이 활용되었다. 이광수, 김동리, 서정주 등 한국의 대표적인 문인들이『삼국유사』를 소재로 많은 작품을 남겼다. 대표적인 작품으로 이광수의『꿈』을 들 수 있는데 이 작품은 '낙산의 두 대성인 관음과 정취, 조신조'의 내용을 소재로 조신이 꿈속에서 일어났던 일들을 소설화한 것이다. 이후 이 작품은 영화로 두 번이나 제작 상영이 되어 OSMU(One Sourse Multi Use)의 선례를 남긴 바가 있다. 한편 김동리는 신라의 화랑과 원화에 관

······ 삼국유사 출판 기념 집담회

심을 가지고 『삼국유사』의 내용을 소재로 하여 『회소곡』, 『기파랑』, 『최치원』, 『수로부인』, 『김양』, 『왕거인』, 『강수선생』, 『눌지왕자』, 『원화』, 『우륵』, 『미륵랑』, 『장보고』, 『양미』, 『석탈해』, 『호원사기』, 『원왕생가』 등 16편의 작품을 남겼다.

　그 이후 『삼국유사』의 내용을 소재로 각색한 영화와 드라마들이 제작되었다. 문화콘텐츠란 대단히 넓은 범주의 개념인데, 흔히 엔터테인먼트 산업에 들어가는 문화적 내용물을 의미하기도 한다. 최근에는 영화와 드라마뿐만 아니라 애니메이션이나 게임 등에서 『삼국유사』의 내용을 소재로 하거나 캐릭터화하여 다양한 장르에서 문화콘텐츠로 활용하고 있다. 또한 『삼국유사』를 대중사회의 텍스트로 인식하고, 이를 콘텐츠화하려는 연구가 지속적으로 발표되고 있다.

이러한 연구들은『삼국유사』에 포함된 신앙생활과 문화, 의례와 제례, 그리고 의식주 등을 현대적 텍스트, 특히 영화나 드라마로 재현되는 것에 초점을 맞추고 있다. 따라서 필자는『삼국유사』를 활용한 여러 가지 연구를 모아 문화콘텐츠로 활용하도록 총정리하는 역주작업을 진행한 바가 있다.

『삼국유사』는 신이사관에 의해 찬술되었다는 견해와 불교사와 불교문화사가 중심이라는 견해가 있으나 필자는 이 두 가지 성격을 모두 갖고 있다는 것이 특징이라고 보았다. 특히 고조선을 비롯한 여러 나라의 시조신화를 살펴보면서 일연이 신화를 천강신화와 난생신화의 융화현상에 주목하였다는 것을 알 수 있었다. 또한 토착신앙과 불교가 융화하는 면에 주목하였다는 것도 알 수 있었다. 따라서 일연은 우리 고대문화의 특징을 문화융화현상으로 보았다는 것을 알 수 있다.

2장
환웅과 단군

『삼국유사』에는 먼저 서문이 기록되어 있고 다음으로 '고조선(왕검조선)조'가 기재되어 있어서 흔히 이 조목을 '단군신화'라고 칭하며, 이에 대한 연구가 많이 이루어졌다. 그러나 고조선조의 내용을 자세히 살펴보면 이 조목의 중심을 이루고 있는 것은 단군이 아니라 환웅이라는 것을 알 수 있다. 환인의 아들 환웅이 인간 세상에 뜻을 두고 무리 삼천과 함께 하늘에서 내려왔으며, 곰과 범이 인간이 되기를 바라기에 환웅이 쑥과 마늘을 주며 햇빛을 보지 못하게 하였으며, 결국 곰은 사람이 되었고 웅녀는 환웅과 결합하여 단군을 낳았다. 이후에 단군은 환웅의 아들로서 태어나 고조선을 건국하였으며, 1,000여 년을 다스리다가 산신이 되었다는 내용으로 단군이 이 조목의 중심적인 인물이 아니라 환웅이 이 조목의 주인공이라는 것을 알수 있다.

그러면 학자들이 왜 고조선조의 주인공을 환웅이 아니라 단군이라고 보았을까 하는 의문이 생긴다. 그것은 이 조목의 제목이 고조선(왕검조선)이며, 내용 중에 단군이 개국하였다는 데 주안점을 두었기 때문이다. 또한 고구려, 백제, 신라 모두 건국신화가 남아 있기 때문에 이 고조선조도 건국신화로서의 의미에 방점이 주어지게 된 것이다.

환인의 아들 환웅이 인간 세상에 뜻을 두고 있는 것을 알고, 아버지 환인이 아들인 환웅에게 무리 삼천 명을 내어 주며 지상세계에 내려가게 하였으며, 풍백·우사·운사를 데리고 온 것도 환웅이고, 곡식·생명·형벌·선악을 주관한 것도 환웅이며, 홍익인간의 뜻을 펼치려고 한 것도 단군이 아니라 환웅이다. 또한 곰과 범에게 쑥과 마늘을 준 것도 환웅이며, 웅녀와 결합하여 아들인 단군을 낳은 것도 환웅이다. 따라서 고조선조의 중요한 부분을 이루고 있는 것은 환웅으로, 우리는 이 신화를 '환웅신화'라고 부르는 것이 합리적이다. 물론 결국 그의 아들 단군이 개국을 하였으므로 건국신화의 요소도 갖고 있지만 주요한 포인트는 환웅이 인간을 창조하였다는 것과 농경을 시작하였다는 것이고, 그것을 기반으로 그의 아들 단군이 결과적으로 건국을 할 수 있었다는 것이다.

그러나 후대 학자들은 인간을 창조하였다는 것과 농경을 시작하였다는 일종의 '창세기 신화'에는 관심이 없고, 오히려 건국만을 중요시하여 '건국신화'에만 중점을 두게 된 것이다. 그래서 우리나라에 창세기 신화는 없고, 건국신화만 있다고 보아 온 것이다. 따라서 국가형성과 관련된 역사학적 연구가 주류를 이루었으며, 민속학적 접근도 단편적으로 현재 남아 있는 민속과 대비하는 데 그쳤다고 할 수 있다. 따라서 선입관을 갖지 않고 『삼국유사』 '고조선조'의 내용을 환웅 관련 기사와 단군 관련 기사로 나누어 분석해 볼 필요가 있는 것이다

1. 환웅천왕의 신화적 성격

위에서 살펴보았듯이 『삼국유사』 '고조선조'의 서술 내용을 보면 이야기의 중심에 환웅천왕이 있는 것을 알 수 있다. 따라서 이 신화는 엄밀히 말하자면 단군신화가 아니라 '환웅신화'라고 부르는 것이 마땅하다. 또한 단군왕검은 환웅천왕과 웅녀 사이에서 출생한 아이이므로 하늘에서 내려온 환웅천왕과 달리 신적인 존재가 아니라 인간적 존재이므로 단군왕검이라고 일컫는 것이 마땅하다.

'고조선(왕검조선)조'의 글자 수는 주석을 포함하여 전체 437 글자인데 단군 관련 기사는 191 글자로, 환웅 관련 기사 246 글자보다 글자 수가 적다. 더구나 소위 신화의 내용이 실려 있는 「고기」의 내용은, 모두 324 글자 중 환웅 관련 기사가 246 글자이고, 단군 관련 기사가 78 글자이다. 따라서 단군이 즉위하여 개국한 내용에도 주목해

야 하지만 환웅 관련 기사도 주목해야 하는 것이다. 고조선조의 내용뿐만 아니라 분량에 있어서도 환웅에 대한 언급이 많아 이야기의 중심을 이루고 있는 것을 알 수 있다. 인간 세상에 내려온 환웅천왕은 곡식, 생명, 질병, 형벌, 선악 등의 인간의 360여 가지 일을 인간 세상에서 주관하였다. 웅녀와 결합하여 자식을 잉태하게 한 것도 환웅이다. 그 결과로 단군이 탄생하며, 단군은 즉위하여 건국을 하고 1,500여 년 간 나라를 다스리다가 산신이 되어 아사달로 다시 숨어 산신이 되었다고 기록되어 있는 것이다.

『위서』에는 단군왕검이 아사달에 도읍을 정하고 개국을 하고 국호를 조선이라 하였으며, 그 시기가 요임금 시기와 같다는 역사적 사실만 간단하게 기록되어 있다. 그다음에 이어 「고기」에서 자세한 내용들이 기록되어 있는 것이다. 이 『위서』가 어느 시대의 사서인지에 대해서는 논란이 있지만 기본적으로 중국의 역사책이라고 이해하는 데 이견이 없다.

그다음에 「고기」를 인용하여 구체적인 사실들을 기록하고 있다. 환인은 서자 환웅이 인간 세상을 구하고자 하는 뜻을 갖고 있는 것을 알고 삼위태백을 내려다보니 널리 인간을 이롭게 할 만하다고 여겨 천부인 3개를 주며 가서 다스리게 하였다. 환웅은 무리 삼천을 이끌고, 태백산 신단수 아래 내려왔으니 이를 신시라고 하였으며, 환웅천왕이라고 하였으니 종교적 성격을 가진 정치적 군장의 성격을 엿볼 수 있다. 풍백과 운사 및 우사를 거느리고 곡식과 생명, 질병과 선악을 주관하고 인간의 모든 일을 맡아 세상을 순리적으로 다스렸다. 따라서 이는 천상세계에서 내려와 지상세계를 여는 창조신화라고 할 수 있다.

이때 곰과 범 한 마리가 같은 굴에 살면서 환웅에게 빌며 사람이 되기를 기원하였다. 이에 쑥 한 타래와 마늘 20쪽을 주며 이것을 먹고 백일 간 일광을 보지 않으면 사람의 형체를 얻을 것이라고 하였다. 삼칠일이 지나자 곰은 여자의 몸을 얻고, 범은 삼가지 못해 사람의 몸을 얻지 못하였다. 이는 곰을 토템으로 하는 곰부족과는 연합을 하고, 범을 토템으로 하는 범부족과는 연합하지 않은 것으로 해석하고 있다. 또한 곰은 잡식동물이기 때문에 쑥과 마늘을 먹을 수 있었으나 범은 육식 동물이라 쑥과 마늘을 먹지 못한 것으로 볼 수도 있다. 이는 아마도 농경문화를 가져온 환웅집단과 식물과 동물을 함께 먹을 수 있는 잡식동물인 곰을 숭배하는 집단과는 연합할 수 있는 부분이 있지만, 동물만을 먹는 육식동물인 범을 숭배하는 집단은 종래의 수렵만을 고집함으로써 환웅집단과는 연합하기 어려웠다고 볼 수 있다. 사람이 아무것도 먹지 않고 버틸 수 있는 기간이 21일이라고 한다. 범은 육식동물로 쑥과 마늘을 먹을 수 없으니 견디지 못하였으며, 범이 도망치자 약속하였던 100일이 되지 않았으나 쑥과 마늘을 먹고 견뎌 낸 잡식동물인 곰은 사람이 될 수 있었던 것이다.

웅녀는 혼인할 사람이 없어 신단수 아래에서 잉태하기를 바라니 환웅이 거짓으로 화하고 혼인하여 아이를 낳았는데 단군왕검이라 하였다. 그런 면에서 단군왕검이 최초의 인간이며 인간의 탄생을 알리는 인간 창조의 신화라고 할 수 있다. 그런데 후대에 들어 환웅이 주인공이 되어 천지를 이어 주고 농경생활을 시작하였으며 이 땅에 농경문화를 전해 주고 인간을 낳았다는 일종의 창세기 신화에는 관심을 갖지 않고, 개국한 단군에만 초점이 두어져 단군의 건국에 대한 내용에만 주목을 하였던 것이다.

이러한 배경은 이승휴가 편찬한 『제왕운기』부터라고 할 수 있다. 이 기록에는 환웅의 존재가 보이지 않고, 단군이 건국하여 나라를 다스린 것과 산신이 되었다는 이야기만 기록하고 있다. 또한 주석에서는 「본기」를 인용하여 환인과 단군에 대해 비교적 자세한 기록을 남기고 있다. 여기서는 단군이 출생하는 데 있어서 손녀로 하여금 약을 먹게 하여 인간의 몸을 얻어 단수신樹神과 더불어 혼인을 하여 아들을 낳은 것으로 기록되어 있어 환웅의 존재는 아무런 역할이 나타나지 않고 있다. 이것은 『제왕운기』라는 책의 성격상 제왕들의 이야기를 운문으로 기록하고 있기 때문으로 환웅은 제왕이 아니며, 단군은 제왕이라고 인식하고 있다는 것을 알 수 있다. 결국 환웅천왕은 신화적 존재이며, 단군왕검은 역사적 존재로 인식하였던 것이다.

조선왕조가 개창되면서 왕조의 명칭이 유사한 고조선에 대한 관심이 높아지면서 각종 문헌에 환웅과 단군에 대한 기록이 되어 있는데, 『삼국유사』 고조선조의 내용을 근간으로 하는 기록과 『제왕운기』의 내용을 근간으로 하는 기록으로 나누어 볼 수 있다.

『응제시주』는 『삼국유사』 '고조선조'에서 인용한 「고기」의 내용과 같이 환웅이 이야기의 주인공으로 서술되어 있다. 다만 『삼국유사』

'고조선조'에서는 보이지 않는 단군의 아들 부루를 우임금이 소집한 도산집회에 조회하게 하였다는 새로운 사실이 기록되어 있다. 그러나 주석에서는 단군만이 나타나고 환인이나 환웅은 보이지 않는다. 사실상 단군이 출생하는 데 있어서 환웅의 역할 변화가 나타나고 있는 것이라 하겠다.

　『세종실록』지리지에는 환인과 환웅에 대한 이야기는 나타나지 않고 단군에 대한 기록만 나타나고 있는데 이는 『제왕운기』에서 인용한 「본기」의 내용을 따른 것이라 할 수 있다. 이렇게 조선시대가 되면 각종 사서들이 편찬되면서 『삼국유사』의 내용을 근거로 한 것과 『제왕운기』를 근거로 한 것으로 나누어지는데 조선시대는 성리학적 합리사관을 기본으로 하였으므로 신이한 환웅의 존재보다는 국가를 건국한 인물인 단군에 초점이 주어지게 되었다.

단군을 국조로 파악한 조선의 지배층은 성리학적 합리사관에 근거해서 역사상의 인물로 단군을 재탄생시켰다. 단군과 관련된 신화적 요소를 제거하고 역사성을 부각하여 인간 군주로 이해하려는 작업을 하였다. 더구나 조선왕조의 국호가 조선이므로 이미 조선을 국호로 하였던 고조선에 대한 관심은 결국 국조 단군에 관심이 집중될 수밖에 없었던 것이다. 따라서 『삼국유사』 '고조선조'에 실려 있는 「고기」를 인용한 이야기의 내용은 신화의 고형으로서 환웅이 이야기의 주인공으로 되어 있지만 이후 건국이 강조되면서 환웅보다는 단군을 주인공으로 인식하게 된 것이라 하겠다.

2. 단군왕검의 역사적 성격

앞에서 살펴보았듯이 『삼국유사』 '고조선조'의 기록은 환웅의 이야기가 중심으로 이루어지고 그 결과로서 단군이 탄생하여 국가를 건국하고, 도읍을 정하고 나라를 다스리다가 산신이 되었다는 내용이다. 인간 단군이 탄생한 이후부터는 단군왕검이 평양성에 도읍을 세우고 국호를 조선이라 하였으며, 후에 백악산 아사달로 도읍지를 옮겼다. 나라를 1,500년간 다스리다 기자가 중국에서 오자 장당경으로 옮겼다가 나중에 아사달로 돌아가 산신이 되었다고 하였다. 구체적인 연대도 기록되어 있으며, 주나라 무왕이 기자를 봉하였다는 역사적 사실을 기록하고 있다. 단군왕검에 대한 내용은 이와 같이 역사적 사실을 기록하고 있으므로 엄밀하게 이야기하자면 건국신화가 아니라 건국사화建國史話라고 할 수 있다.

따라서 역사적 사실임을 증명하려고 당나라 배구의 열전을 인용하여 역사적 사실을 그 다음에 기록하고 있는 것이다.『당배구전』의 내용은 고려가 본래 고죽국인데 주나라가 기자를 조선후로 봉하자 한이 3군으로 나누어 다스렸다는 이야기와『통전』또한 이 설명과 같다는 내용이다. 이와 같이『삼국유사』의 내용으로만 본다면 이 신화의 주인공은 환웅이며, 단군은 역사적 인물로 기록되어 있는 것이다.

한편『제왕운기』에서는 본문에 환웅은 나타나지 않고 단군에 대한 내용만 나타나며, 주석에서「본기」에 단군이 이야기의 주인공으로 나타나고, 환웅은 부수적인 존재로 전락하게 된다. 이는『제왕운기』가 제왕들에 대해 기록을 하였으므로 신적 존재인 환웅보다는 제왕인 단군왕검에 초점이 맞추어졌기 때문이라 하겠다. 여기에는 제석의 자손 단군이 무진년에 나라를 세운 것, 을미년에 아사달에 들어가 산신이 된 것, 나라를 1,028년 동안 다스린 것, 환인에 대한 이야기 등은 기록되어 있으나 환웅에 대한 기록은 되어 있지 않다.「본기」에는 환웅에 대한 언급은 있지만 부수적인 존재로만 나타나 있을 뿐이다. 이 기록에서 알 수 있듯이 환웅은 단군의 탄생에 간여하지 않고 있으며, 단군은 조선지역을 거점으로 하여 신라, 고구려, 남북옥저, 동북부여와 예맥을 모두 통치한 역사적 인물로 기록되어 있는 것이다.

이러한 인식은 조선시대에도 이어졌다. 권람의 『응제시주』에서 「고기」를 인용하고는 있으나, 주석에서 환인이나 환웅에 대해서는 언급하지 않고 오직 신인이 단목에 내려와 국인이 이를 추대하여 왕으로 삼고 단군으로 이름하였다는 것만 서술하고 있다. 또한 『세종실록』 지리지 '평양부조'에도 환인과 환웅에 대한 이야기는 나타나지 않고, 신인인 단군이 단목에 내려와 임금으로 추대되고, 도읍을 평양성에 정하니 이를 전조선이라고 한다고 기록되어 있다. 결국 인간적 존재인 단군이 나라를 건국하였다는 것으로 인식한 역사적 기록이라 할 수 있다. 조선시대에 들어와 성리학적 합리사관에 따라서 모든 사서들은 환웅천왕에 대한 관심이 적어지고 단군은 인간으로 인식되어 신인으로 기록되었다. 이러한 전통은 근현대에 들어와서도 이어져 신화적 존재인 환웅천왕보다는 역사적 존재인 단군왕검에 관심을 두게 된 것이다.

1392년 조선왕조가 건국되면서 '고조선'은 다시 주목을 받기 시작하여 1394년에는 고조선조가 맨 앞에 실려 있는 『삼국유사』가 간행되었다. 신화적 존재인 환웅천왕과 역사적 존재인 단군왕검의 존재 중 환웅의 존재가 주인공인 『삼국유사』의 내용은 이승휴의 『제왕운기』에서부터 주인공이 단군으로 바 뀌게 되었다. 조선왕조에 들어와 『삼국유사』 고조선조에 기록된 고 기를 인용한 권람의 『응제시주』와 『제왕운기』의 영향을 받은 『세종실 록』 지리지에 환웅은 나타나지 않 고 주인공이 단군으로 바뀌게 된 것 이다. 이후 조선전기의 관찬사서에 는 이러한 기조가 계속된다.

····· 숭령전의 환웅 영정

노사신과 서거정이 성종 7년(1476) 에 편찬한 『삼국사절요』는 삼국의 역사를 편년체로 엮었으나 서문에 서 "동방에서 최초로 단군이 나라를 세웠다"는 사실을 기록하고 있 다. 또한 서거정 등 10인이 성종 16년(1485)에 편찬한 『동국통감』에서 는 '단군조선조'를 편목하고, 단군조선에 대하여 건국사실만을 서술 하고, 환인이나 환웅에 대한 기록은 서술하지 않았다.

조선후기가 되면 소중화론을 신봉하는 유학자들은 단군조선보다 는 기자조선에 관심을 두면서 단군보다 기자의 존재에 주목하며 건 국보다는 문화에 관심을 갖는 경향을 보이게 된다. 그러나 홍만종 은 17세기에 『해동이적』을 편찬하였는데 「고기」를 인용하여 단군뿐 만 아니라 환인과 환웅에 대해서도 서술을 하고 있다. 『동국사』 조선 본기를 인용하여 환인과 환웅 및 단군에 대한 신화와 역사적 사실을 『삼국유사』에서 인용한 「고기」의 내용을 근간으로 하고 있다. 다만

······ 참성단 출처: 문화재청

강화도 마니산에 참성단이 있는데 단군이 하늘에 제사를 지내기 위
해 축조하였다는 기록이 첨가되어 있다. 이는『고려사』의 내용을 따
른 것으로, 조선후기에는 강화도의 참성단 단군 제천단설, 강화도의
삼랑성 단군 세 아들 축조설 등이『삼국유사』와『고려사』의 내용을
기본으로 하여 새로운 사실들이 추가되었다.

한편 안정복이 영조 32년(1756)에 시작하여 정조 7년(1783)에 완성
한 강목체의『동사강목』범례에서는 정통을 단군-기자-마한-신라
문무왕 이후-고려 태조 이후를 말한다고 하였다. 그러나 본문은 기
자로부터 편목을 하고 단군에 대해서는「동국역대전수지도」에 정통
으로 서술하고,「단군기자전세지도」에서 단군을 요임금 무진년에 개

46

삼국유사의 신화 이야기

국하였는데 전하는 기록이 없고 상나라 갑자년에 멸망하였다고 하고, 본문에서는 기자조선으로부터 시작하고 있다.

한편 이종휘(1731-1797)는 『동사』에서 단군과 기자를 함께 편목함으로써 한국사의 체계적 서술에 있어 최초로 「단군본기」를 설정하여 단군을 매우 중요시하고 있는 것을 알 수 있다. 그는 기전체 사서인 『동사』에서 「단군본기」와 「기자본기」를 나란히 설정함으로써 단군과 기자를 통합적으로 이해하였다. 단군과 기자에 대한 관심은 곧 당시에 유행하던 소중화주의 내지 조선 중화주의와 관계가 있는 것이다. 여기서 단군뿐만 아니라 환인과 환웅에 대해서도 주석이 아니라 본문에서 상세히 서술하고 있는 것이 특징이라 하겠다. 더구나 단군이 개국한 이후의 역사적 사실에 대해서도 단군의 아들 부루를 도산집회에 참석하게 하였다는 등 비교적 상세하게 기록하고 있다. 이러한 내용은 홍만종의 『동국역대총목』의 '단군조선조'에서 비롯한 것이다.

1895년부터 발행되기 시작한 초기 역사교과서의 단군이야기는 1905년 무렵을 기점으로 인식론적 전환을 보인다. 이 시기 역사교과서에서 단군은 신인神人이었고, 그런 점에서 조선조 유학자들의 단군인식이 지속되었지만 1906년 이후의 역사교과서는 이전의 인식과 다른 인식을 드러낸다. 단군은 인간인 환인과 환웅의 핏줄을 이은 인간人이라는 인식이 그것이다. 단군뿐만 아니라 천신인 환인과 환웅천왕까지도 인간으로 인식하고 있는 것이 특징이라 하겠다.

한편 일본인 역사학자들은 단군의 존재를 부정하고, 전설이나 설화로 격하시키려고 하였다. 나가 미치요^{那阿通世}는 1894년에 「조선고사고」에서 단군 전설은 불교가 전래된 이후 승려의 망설을 역사상의 사실로 삼은 것이라 단언하였다. 시라토리 구라키치^{白鳥庫吉}는 「단군고」에서 태백산을 묘향산이라 칭하는 것은 이곳에서 향나무가 나기 때문인데, 그 향나무를 인도의 우두전단에 비추어, 이 나무에 내려온 것을 구실로 단군이라는 가공의 인물을 안출하였다고 하였다. 이 전설이 만들어진 시기는 고구려에 불교가 들어온 이후(372)로부터 『위서』가 편찬된 시기(551) 사이로 대개 고구려의 불교가 가장 성하였던 장수왕 대라고 하였다. 이마니시 류^{今西龍}는 「단군고」에서 태백산은 묘향산의 별명으로 승려나 무격들이 선인왕검에다 붙인 것으로 묘향산은 고려시대에 들어와 고려의 영토가 되었다고 하였다. 따라서 구월산이 아사달이라는 설은 조선시대 창출된 것이며, 신인에게 '군^{君}'을 붙여 부르는 것은 도교를 모방한 것이라고 주장하였다. 환인이나 환웅은 말할 것도 없고 단군마저도 신화가 아니라 후대에 지어낸 전설이나 설화로 격하시켜 보고 있는 것이다.

반면에 대종교에서는 단군을 신앙대상으로 하여 신인으로서 다시 주목하게 된다. 이러한 단군에 대한 신격화는 환웅에 대한 존재보다는 단군에 주목하고 '단군신화'로 불리게 되는 것이다. 일본인 역사학자들이 일본의 건국신화를 '아마테라스 오미카미^{天照大神}'과 관련시켜 주장하는 반면 단군에 대해서는 설화나 전설로 폄하시키자, 민족주의 사학자들이 단군을 신화적 존재로 부각시키며 '단군신화'라는 표현이 나타나게 되었다. 육당 최남선은 신화에 나타나는 곰과 호랑

•••••• 단군릉 앞에서 조선력사학회 서기장 사회과
학원 지승철 교수와 함께

이에 주목하여 이들 동물을 대상으로 하는 토테미즘의 존재를 강조
하였으며, 단군의 어원을 '당굴'에서 찾아 단군왕검이 천군天君 또는
무군巫君을 의미한다고 주장하고, '환웅신화'와 '단군신화'의 이중적
표현을 하였다. 민족주의 사학자 신채호는 고조선의 구성을 삼조선
으로 구성된 역사체임을 전제하고, 이들의 중심무대가 요서와 요동
지역이라는 관점에서 논의를 전개하였다. 특히 단군은 삼조선 분립
이전인 신수두를 개창한 영웅적인 대추장이며 종교적으로는 천신인
광명신을 섬기는 존재로 상정하였다. 한편 정인보는 신채호의 논의
내용을 바탕으로 요동지역 중심의 고조선 인식을 강화하였으며, 이
신화를 '환웅신화'라 부르고 단군은 신인으로 표현하였다. 그러나 대
부분 학자들은 환웅에 대해서는 주목조차 하지 않았으며, 단군을 전
설이나 설화 또는 신화라고 표현하였다.

이러한 분위기는 광복이 되면서 전설이나 설화라는 표현을 쓰다가, 차츰 신화라는 표현이 주류를 이루게 된다. 이는 근대 국민국가 건설이라는 분위기와 연결되었다고 할 수 있다. 역사학계에서는 한국사의 시작을 고조선에서부터 서술하고 '단군신화'라고 표현하면서 최초의 국가라는 역사적인 의미를 부여하고 있다.

한편 북한에서는 사회경제사학인 백남운의 견해에 따라 설화나 전설이라고 인식하였다. 백남운은 그의 역저인『조선사회경제사』서론에서「단군신화에 대한 비판적 견해」를 통해 우리 조선민족의 발전사는 결코 단군신화에서 시작되어야 할 것이 아니었으며, 그것은 기껏해야 우리 원시사회 발전사에서 역사적 지표에 그치고, 농업공산체의 발전과정을 암시하는 점에서 사적 중요성이 인정된다고 하였다. 그러나 북한에서 1990년대 소위 '단군릉'을 발굴하고, 단군의 인골을 기원전 5,000년 전의 것으로 주장하면서 단군을 실존한 인간으로 인정하기 시작하였다.

3. 삼신신앙의 전통

앞에서 살펴보았듯이 역사학에서는 환인과 환웅 및 단군 중에서 국가를 건국한 단군에 초점이 맞추어져 '단군신화'라고 부르고 있다. 그러나 민속에서는 환인과 환웅 그리고 단군 등 세 존재 즉 삼신에 대한 신앙이 지속적으로 이어져 '삼신신앙'이 지금까지도 이어지고 있다. 삼신신앙은 가신신앙으로서 안방에서 삼신단지로 모셔져 있으며, 또는 시준世尊단지의 형태로 이어지고 있다. 또한 부루단지로 불리기도 하는데 이는 단군의 아들이 부루라는「응제시주」의 기록과도 연관이 있으므로 흥미로운 사실이다. 또한 이 모두 농경과 관련이 있다는 점에서 환인과 환웅 그리고 단군의 세 존재를 농경신으로 인식하고 있어『삼국유사』에서 농경신화를 강조하고 있는 점이 그대로 이어지고 있다는 점이 흥미롭다. 역사학에서는 농경신정을 주재하는 환웅보다는 건국자인 단군에 주목을 하고 있는 반면에, 민속에서는 인간 탄생을 농경신과 관련하여 환인, 환웅, 단군 세 존재 모두 숭배하고 있는 점이 다르다고 하겠다.

예로부터 삼신에 대한 신앙이 이루어졌으며 이러한 사실은『제왕

•••••• 구월산의 삼성전(환인, 환웅, 단군)

운기』중 아사달 산신에 대한 내용의 주석에 기록되어 있다. 이승휴가『제왕운기』를 편찬한 고려 후기에 삼신을 모시는 삼위사당이 존재하고 있다는 기록이다. 여기서 삼위는 삼위태백의 삼위로 기록되어 있지만 이는 환인과 환웅 및 단군 삼위를 모시는 사당이 확실하다.

『고려사』에는 삼성사에 환인과 환웅 및 단군의 사당이 있다는 기록이 있어 고려시대까지 거슬러 올라갈 수 있다. 늦어도 10세기 이전에 이미 구월산에 삼성사가 세워져 삼성이 숭배되었다고 주장한 견해가 있다. 조선시대 세종 대에도 황해도 구월산에 삼성사가 있어 환인천왕, 환웅천왕, 단군천왕을 벽에 각각 모셨다.

구월산 동쪽 봉우리에 신당이 있는데 어느 시기에 창건되었는지는 알지 못하나 북벽에는 환웅천왕, 동벽에는 환인천왕, 서벽에는

•••••• 구월산 삼성사

단군천왕을 모시며, 이 지역인들이 삼성당이라 부른다는 것이다. 그 유래는 단군이 아사달산에 들어가 산신이 되었기 때문이라고도 하고, 단군의 도읍이 이 산 아래 있었기 때문이라고도 하는데 당시에도 존재하고 있다는 기록이다. 2002년 개천절 남북공동 학술대회에 참석하기 위해 북한에 갔다가 구월산에 있는 삼성전을 참배한 적이 있는데 지금도 환인, 환웅, 단군 등 삼성의 초상과 위패를 모시고 있는 사당이 존재하고 있다. 한편 평양에는 기자를 모신 기자묘와 동명성왕을 모신 동명묘가 있으며, 춘추로 제향이 이루어지고 있는 것을 확인하였다.

조선후기에 편찬된 이종휘의 『동사』에도 구월산 삼성사에 대한 기록이 있다. 여기서 김부식이 전하는 바에 의한 것으로 기록되어 있지만 내용상으로 보면 『삼국사기』에는 기록이 없으며, 『삼국유사』에 나타나므로 일연선사를 김부식으로 착각한 것이다. 이에 의하면 삼신은 『삼국유사』 '고조선조'에 나타난 환인과 환웅 및 단군의 삼신을 숭배하였던 데서 유래하였다는 것을 알 수 있다. 더구나 삼신에 대한 형태를 볼 것 같으면 쌀, 미역국, 물 한 그릇씩 또는 각각 세 그릇씩이 기본적인 것이므로 신체가 삼위三位라는 것을 알 수가 있는 것이다.

삼신에 대한 명칭은 삼신 또는 산신, 삼신 단지 또는 삼신 바가지, 삼신 할머니, 삼신 할아버지 등으로 불린다. 그리고 형태는 단지나 바가지 안에 쌀, 미역, 물을 하나씩 또는 세 개씩 차려 놓는다. 타래실을 놓는 경우도 있는데 대개 안방 시렁 선반 위에 위치하고 있다.

제일은 해산한 날, 해산 후 3일, 7일, 14일, 21일, 백일, 돌날, 생일날, 가족생일, 조상 제삿날 등이다. 제물은 삼신의 형태와 마찬가지로 쌀, 미역국, 정화수가 하나씩 또는 세 그릇이고, 제주는 주로 주부(산모)인 경우가 많으며, 시어머니, 산바라지한 할머니, 산파 아주머니 등이다. 그리고 신앙목적은 기자, 안산, 무병, 건강, 가내평화 등을 기원하기 위해서이다.

삼신에 대한 명칭은 지앙 할매, 삼신할머니, 삼신, 삼신단지, 삼신바가지, 삼승 할망, 삼신할아버지, 세준 할머니 등으로 나타난다. 대부분 삼신이며, 지앙은 제왕, 세준은 세존으로 보면 불교가 가미된 제석신임을 알 수 있다.

삼신할머니와 단군신화와의 관련성은 그 제일을 보면 더욱 명료해진다. 삼신할머니에 대한 제일은 해산할 때, 3일, 7일, 21일, 백일, 돌, 생일, 조상제사일 등 『삼국유사』 '고조선조'에 기록된 삼칠일, 백일, 삼백육십여 사와 관련성을 엿볼 수 있다. 손진태 선생은 이 숫자 모두 어린 아이의 성장과정과 관계가 있는 숫자인 듯하다고 보고, 사람이 출생한 일주년 사이의 성장과정에 가탁하여 웅녀의 인간으로의 변화과정을 설명하려고 한 것이라고 하였다.

출산 후의 7일은 산모로서는 비로소 기동이 가능한 시기요, 산아로서는 태중의 살이 빠지고 덧살이 찌기 시작하는 시기이므로 산후의 7일을 축하하는 것이다. 삼칠일(21일)은 산모가 건강이 회복되는 시기이며, 산아는 젖살이 오르고 귀를 뜨고 눈을 떠서 보고 듣기를 비롯하는 중요한 시기이므로 이날을 축하하고, 금줄을 떼어 외인

····· 삼신할미

의 출입을 허용하기 시작한다. 백일 때는 어린애가 뒤집고, 큰소리로 웃기도 시작하며, 손을 내밀기도 하는 여러 가지 재롱을 보이는 시기이므로 이날을 축하하는 것이다. 삼백육십여 사는 일수에도 해당하는데 어린애가 이때를 전후하여 보행을 시작하여 인간으로서의 특징을 발휘하는 시기요, 일주년에 해당하므로 특별히 성대한 첫돌 잔치를 행하는 것이다. 이러한 삼신신앙을 비롯한 민속은 가정신앙으로서 최근에 조사한 민속조사에서도 각 지역별로 공통적으로 나타나고 있다. 물론 도시에서는 이미 사라졌지만 우리들의 생활에서 그 의미는 여러 군데서 확인할 수 있다. 필자가 국립중앙박물관장을

3년간 봉직하면서 경험한 바에 의하면 취임하고 나서 3주(삼칠일), 서너달(백일), 1년(돌)이 매우 중요하다는 것을 깨달았다. 3주 안에 현황을 파악하고 인사를 하여 누구와 함께할 것인지를 정하고, 서너 달 안에 앞으로의 목표와 계획을 세우고, 1년간 그것을 실행하면 그 이후 만사가 잘 진행되는 것을 경험하였다. 문화재청장과 문화체육관광부 장관을 역임하면서도 똑같은 경험을 하였다. 아이가 태어나 성장하는 과정과 사회생활을 영위하는 과정이 시간상으로 같은 양상을 보이고 있는 것이다.

한편 우리 역사에서 가장 먼저 산신의 기록이 나타나는 것은 단군이 산신이 되어 아사달에 들어갔다는 기록이다. 지금도 민속신앙에서 산신의 영향력은 대단하여 동제의 대상신이 되거나 사찰 산신각에 모셔져 있다. 그리고 지금의 삼신할머니에 대한 신앙에 있어서도 산신할머니로 불릴 만큼 산신이 매우 관련성을 보이고 있고, 기자(祈子)민속에 산신에게 비는 경우가 많이 나타나고 있다. 여기서 중요한 점은 삼신할머니의 성격이 산아와 육아를 돌보아 주는 신이라는 것이다. 이것은 환웅천왕이 웅녀로 하여금 잉태를 하여 아이를 낳게 하였다는 의미와 같은 것이다. 또한 삼신에 대한 의례에 반드시 쌀을 신체로서 활용한다는 것은 환웅천왕이 농경과 관련된 신격이라는 점과도 관련성이 있는 것이다. 이러한 삼신신앙은 신라시대에는 『삼국사기』제사지와『삼국유사』김유신조의 호국 여삼신에 대한 설화에서 확인할 수 있으며,『삼국사기』와『삼국유사』에 실려 있는 노구와 노옹기사에서도 엿볼 수 있다.

민간에 신앙대상으로 남은 삼신할머니신앙은 삼국 초에 왕실의 가족신앙과 같이 가정신앙화하기 시작한 것으로 보인다. 이와 같이 삼신신앙의 가정신앙화는 가족을 윤리질서의 근본으로 하는 유교가 통치이데올로기화한 조선왕조에 들어와 더욱 진전되어 기자민속과 매우 밀접한 관련성을 갖고 있다. 또한 그 기원이 '고조선조에서' 비롯되어 민족의 시조신과 관련된 환인과 환웅 및 단군이 농경과 출산과 육아의 보호령으로서 신앙되고 있다.

고조선 시기부터 기원한 삼신신앙은 결국 한민족 시조신인 삼신과 관련된 삼신신앙에서 비롯된 것이다. 그러다 삼국시대 호국 삼신으로 숭배되고, 왕실 최고의 제사 대상인 대사로서 이어져 왔다는 것을 알 수 있다. 이러한 삼신신앙은 특히 왕실의 보호령으로서 노구老嫗에 대한 기사에서 찾아볼 수 있다. 그리고 불교가 수용된 후 민간신앙인 삼신신앙은 불교와 융화되어 갔다. 예컨대 사찰에 불보살을 모시는 대웅전 위에 산신각을 조성하여 산신을 모시는 형태로 불교와 토착신앙이 융화되어 왔다.

4. 네이션 빌딩과 신화

역사학에서는 고조선을 건국한 건국자 단군에 중점을 두어 단군신화라고 표현하며, 민속에서는 농경생활을 시작한 환인과 환웅 그리고 단군 세 존재 모두에게 숭배를 하고 가신으로서 모셔 의례를 행하고 있다. 역사학에서는 국가에 관심을 갖고 건국신화를 중요시한 것이며, 민속에서는 가정에 관심을 갖고 가신신앙으로 숭배를 하고 있는 것이다.

그러나『삼국유사』고조선조의 내용은 분명히 환웅이 주인공이며 농경생활에 대한 내용이 중심을 이루고 있으며, 단군의 존재와 건국에 대한 내용은 그 결과로서 기록하고 있는 것이다. 따라서『삼국유사』의 단계에서는 환웅이 신화적 존재이므로 환웅천왕, 그리고 단군은 인간적 존재로서 기록되어 있으므로 단군왕검으로 인식하고 표현하는 것이 객관적 표현이라 할 수 있을 것이다.

『제왕운기』에서 제왕들의 이야기를 다루다 보니 환웅보다는 단군에 초점을 두게 되었으며, 조선시대에는 신이한 존재인 환인이나 환웅보다는 인간적 존재인 단군을 역사적 존재로 인식하게 된 것이다. 이러한 인식은 개화기에도 이어졌으나 대종교에서 단군을 신격화하면서 민족주의 사학에서 단군신화라는 명칭이 고착화하게 되었다.

특히 일제 식민주의 관학자들의 단군에 대한 연구를 전설과 설화로 취급하는 가운데 일본의 건국신화인 '아마테라스 오미카미 신화'에 대응하기 위하여 '환웅신화'라고 하지 않고 국조인 단군을 강조하여 '단군신화'라고 부르게 된 것을 알 수 있다. 일제는 남산에 신궁을 지으면서 '아마테라스 오미카미'를 가운데 두고 좌우에 '단군'과 '태조 이성계'를 배향하려는 시도를 하다가 한일합방이 되면서 '아마테라스 오미카미'의 위패만을 존치하였다. 한편 일제강점기 식민지를 극복하기 위한 민족정신을 앙양하려고 하였던 민족주의 사학자들은

••••• 남산신궁 전경

단군을 민족의식의 구심점으로 삼고자 하여 단군에 주목하고 단군을 신격화하였던 것이다.

그리고 해방 이후 근대 국민국가 건설을 하는 과정에서 고대 국가의 건국자 단군을 활용하여 '환웅신화'보다 '단군신화'라고 부르게 된 것이라 하겠다. 한편 북한에서는 단군을 설화나 전설 또는 신화라고 하다가 1993년 소위 '단군릉' 발굴 이후 인간적 존재로 인식하여 민족의 구심점으로 삼으려는 새로운 역사를 창조하였다. 이와나미岩波 사장이 세카이世界 잡지 인터뷰에서 김일성 주석에게 '단군릉을 객관적으로 증명할 수 있겠는가'라는 질문을 하자 김일성은 '역사는 만드는 것이다'라고 대답한 바가 있다.

역사학에서는 농경신정을 주재하는 환웅보다는 건국자인 단군에 주목하고 있는 반면 민속에서는 인간 탄생을 농경신과 관련하여 환인, 환웅, 단군 세 존재를 모두 숭배하고 있는 점이 다르다고 하겠다. 따라서 국가를 강조하면서 단군의 건국신화에 주목한 역사학과 달리, 민속학에서는 가정을 강조하면서 생산과 탄생의 삼신신앙에 주목한 것이다.

한편 고조선의 중심지에 대한 논쟁이 계속되고 있는데 이것 또한 각 나라의 국가적 정체성과 맞물려 진행되고 있다. 고조선의 중심이 요동지방에 있었다는 '요동설', 한반도의 평양에 있었다는 '평양설', 처음에는 요동지방에 있다가 뒤에 평양으로 옮겼다는 '이동설'이 있다. 북한학계에서는 고조선의 중심지가 요동지방에 있었다고 주장을 하다가 1990년대부터 '대동강문명론'을 주장하며, '평양설'을 옹호하고 있는데 이는 주체사관에 따른 것이라고 할 수 있다.

3장
해모수와 해부루

부여의 국가 형성은 대체로 기원전 3세기에서 2세기 말 사이에 이루어진 것으로 보고 있는데 고조선 및 삼한과 더불어 한국 고대의 초기국가로서 역사적 의미를 갖고 있다. 부여는 북부여, 동부여, 졸본부여, 남부여 등 여러 명칭이 나타나고 있으며, 부여사에 대한 문헌적 연구는 부여 및 북부여, 동부여 등의 중심지 고증에 치우쳐 왔다. 한편 부여에 대한 자료는 「동명왕편」, 『삼국사기』, 『삼국유사』, 『세종실록』 지리지, 「광개토왕비」 등에 실려 있는데 고구려 건국신화의 한 부분으로 해부루, 금와, 주몽과 관련하여 부수적으로 나타나고 있다. 그런데 이들 기록 사이에 신화의 내용이 서로 다르게 기록되어 있기 때문에 합리적으로 분석해 내기가 쉽지 않다. 이는 고구려와 백제가 각기 정통성을 강화하는 과정에서 부여의 신화를 활용하여 역사의 흐름에 따라 그 내용이 기록과정에서 변이가 이루어졌기 때문이라 하겠다.

부여에 대한 역사적인 기록은 『삼국지』 위지 동이전에 잘 나타나 있다. 부여는 만리장성의 북쪽에 있으며, 현토군과의 거리는 천 리나 되고, 남쪽으로는 고구려, 동쪽으로는 읍루, 서쪽으로는 선비와 접하였으며, 북쪽에는 약수가 있다고 기록되어 있다. 부여의 영역은 사방 2천 리이며, 호는 8만 호로 1호당 5인으로 잡는다면 부여의 인구는 자그만치 40만이나 된다. 고대 국가의 경우 인구상으로 10만 명 정도를 국가단계로 보는 인류학계 견해에 따르면 매우 발달된 국가로 보아야 할 것이다. 더구나 궁실, 창고, 감옥이 있다는 것은 엥겔스가 제시한 국가의 중요한 기준을 갖추고 있는 것이다. 산업면에서는 농업생산이 주된 것으로 되어 있는데 쌀을 제외한 오곡을 생산하고 있다. 이 지역에서는 사실상 19세기 말에야 벼농사가 이루어졌다.

나라에는 군왕이 있다고 하였으니 부여는 이미 왕국이라고 할 수 있다. 관명을 여섯 가축의 이름을 따서 마가, 우가, 저가, 구가 등이라 한 것을 볼 때 지배층은 말, 소, 돼지, 개 등을 키우는 유목민족이라고 볼 수 있다. 그리고 대사, 대사자, 사자 등을 통해 이미 관료제가 세분화되어 있는 것을 보여 주고 있다. 대자大者는 수천 가, 소자小者는 수백 가를 다스린다고 하였다. 이 수천 가와 수백 가는 변진의 경우 대국大國과 소국小國의 호수와 일치하고 있다. 더구나 중앙에 군왕이 있고, 제가가 이러한 규모의 사방의 사출도를 주관하고 있다고 하니 이 점에서 보더라도 국가단계로 발전하였다고 할 수 있다.

이와 같이 부여는 군왕이 있어 매년 은력殷曆 정월에 수렵의례로서 천신에 제사를 지내는 영고迎鼓를 주관하였으며, 이를 통해 왕권을 과시하였다. 며칠간 먹고 마시고 노래하고 춤을 출 수 있는 경제력을 장악하여 재분배를 하였으며, 이때 법률을 집행하고, 전쟁이 있을 때도 마찬가지로 제천의례를 거행하여 이를 통해 왕권을 강화하는 이데올로기로 활용하였다. 따라서 군주는 추종자들이나 백성으로 하여금 자신을 천신과 교감하는 존재로 보이게 하였으며, 이것은 결국 천자의 설화를 낳게 되는 것이다. 부여에는 구성원들이 호민豪民, 민民, 하호下戶로 나뉘어 이미 계층별로 서열화되어 있었다.

1. 북부여의 해모수

『삼국유사』에는 북부여조와 동부여조가 각기 실려 있는데 모두 건국과정에 대해 신화적인 내용이 나타나 기록되어 있다.

> 「고기」에 의하면 『전한서』 선제 3년 4월 8일에 천제가 흘승골성에 다섯 용이 끄는 수레五龍車를 타고 내려와서 도읍을 정하여 왕이라 칭하고 국호를 북부여라고 하고 스스로 이름을 해모수라고 이르고, 아들을 낳아 이름을 부루라 하였는데 해解로서 성씨를 삼았다. 왕은 후에 상제의 명령으로 동부여로 도읍을 옮겼고, 동명

왕이 북부여를 계승하여 일어나 졸본주에 도읍을 정하고 졸본부

여라 하였으니, 즉 고구려의 시작이다."

　기원전 3세기 송화강을 중심으로 일어나 494년까지 만주 지역에
존재하였던 북부여의 건국과정을 보여 주고 있다. 이와는 달리『삼
국사기』와「광개토왕비」,「모두루묘지」등을 보면 부여-동부여-북부
여-졸본부여라 지칭되는 다양한 부여의 존재가 기록되어 있다. 이
러한 기록들은 부여사의 전개과정을 이해하는 데 많은 어려움을 주
고 있다. 문제는 북부여와 동부여의 실체를 어떻게 해석하느냐에 달
려 있는데 북부여와 동부여가 같은 시기에 존재하고 있었다는 견해
와 동부여가 북부여에서 나중에 갈라져 나왔다고 보는 견해로 나누
어져 있다.

　「동명왕편」과『세종실록』지리지의 기록을 보면 신화의 내용이 매
우 자세한 데 반하여『삼국사기』의 기록은 매우 소략하다. 해모수는
천제의 아들로 머리에는 까마귀 깃털로 만든 모자를 쓰고, 허리에는
용광검을 차고, 오룡거를 타고, 고니를 탄 사람 백 명과 함께 지상에
내려와 인간 세상을 다스린 것으로 기록되어 있다. 오룡거는 다섯
마리의 용이 이끄는 수레로서 중앙의 황룡과 동서남북을 방호하는
청룡, 백룡, 흑룡, 적룡이 이끈다는 것을 뜻하며, 이는 부여가 제후국
이 아니라 천자의 나라의 황제가 타는 수레국으로서 천자국이라는 것
을 은연중 나타내고 있는 것이다.

　북부여의 위치에 대해서는 종래 농안과 장춘 일대라고 보았으나

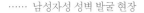 남성자성 성벽 발굴 현장   ······ 동단산성에서 내려다 본 길림시 진경

고고학적 자료가 발굴이 되지 않아 여러 다양한 견해가 제기되었다. 황금의 산지이며 금나라를 세운 완안부의 발흥지인 아성 지역, 창도 북쪽의 사면성 지역, 북류 송화강 하류에 있는 오늘날의 부여로 보는 견해 등이 있다. 최근에는 고고학 발굴 성과와 문헌사료를 토대로 부여의 왕성을 길림시 동단산 남성자성으로 비정하고 있다. 2017년 여름 대학원 학생들과 이곳을 현장답사 하였는데 한창 발굴 중이었으며, 많은 유물들이 출토되어 이곳이 왕성일 것이라는 의견이 더욱 힘을 받게 되었다. 근처에 있는 용담산성은 산성으로, 남성자성은 평지성으로 파악하여 이때 이미 양성체제가 갖추어진 것으로 보는 것이다. 또한 기원후 4세기 이후에는 부여의 중심지가 농안 지역으로 이동한 것으로 보아 왔으나, 농안과 장춘 지역에 고고학 자료가 별로 나타나지 않아서 최근에는 요녕성 서풍현 성산자산성으로 보기도 한다.

······ 용담산성 내 집수지(수뢰)   ······ 용담산성 북문지

　　해모수는 북부여를 건국한 인물로『삼국사기』고구려본기 '동명왕
조'에는 "스스로 천제의 아들 해모수라 하며, 나를 웅심산 아래 압록
수가의 집으로 꾀어 사통하고, 곧바로 가서는 돌아오지 않았다"라고
하여 유화와 사통한 인물이 주몽의 아버지로 나타나 있어『삼국유
사』의 기록과 차이를 보이고 있다.『삼국유사』에는 주몽이 해모수의
아들이 아니라 단군의 아들이라고 기록되어 있는 것이다. 한편 해
부루는 북부여왕 해모수의 아들이자 그의 뒤를 이어 왕위에 올랐다
고 기록되어 있다. 그러나 그의 출자에 대해『삼국사기』나 이규보의
「동명왕편」에서는 전혀 언급이 없어 직접적인 혈연관계가 없는 것으
로 보고 있다. 따라서 실제적인 부자관계가 아니라 부여족의 일파로
서 출자를 달리하는 집단의 수장Chief으로 볼 수 있다. 해부루 집단은
북부여 지역에 선주한 집단으로 천손족 전통을 가지고 있었으며, 비
류수를 중심으로 북부여왕으로서 정치적 주도권을 잡고 있었다. 그
리고 해모수 집단은 해부루 집단보다 늦게 이주해 온 집단으로 웅심

산을 근거로 정착하였던 것으로 볼 수 있다. 이후 철기문명과 농경문화를 기반으로 점차 그 세력을 확장하여 해부루 집단을 대신하여 정치적 주도권을 잡았다. 이들의 세력 교체과정에서 주도권을 잡은 해모수 집단은 세력의 우월성을 토대로 해부루 집단과 관계를 새로이 설정하였으며, 이러한 역학관계에서 두 집단을 혈연적인 관계가 있는 것처럼 신화의 내용을 변개시켜 연결시켰다고 해석할 수 있다.

2. 동부여의 해부루

『삼국사기』등은 고구려 주몽을 중심으로 기록되어 있어서 해부루의 신화의 내용을 구체적으로 남기지 않았다. 이에 비해『삼국유사』는 비교적 상세한 기술을 남기고 있다.『삼국유사』'북부여조'에 따르면 상제의 명령을 피해 동부여로 도읍을 옮긴 이는 북부여왕 해모수라고 서술되어 있지만, '동부여조'와 '고구려조'에는 해부루라고 하여 기록상 차이를 보이고 있다. 한편『삼국사기』고구려본기 '시조 동명왕조'와 「제사지」에는 동명성왕의 어머니 유화부인이 동부여에서 죽었다고 기록되어 있다. 한편 「광개토왕릉비」에는 "동부여는 본래 추모왕의 속민이었는데 나중에 조공해 오지 않아 왕이 몸소 거느리고 가서 토벌하였다"라고 서술되어 있다. 이처럼『삼국유사』를 비롯하여『삼국사기』및 「광개토왕릉비」에는 '부여-동부여-북부여-졸본부여'라 지칭되는 다양한 부여의 정치체가 기록되어 있는 것이다.

그래서 민족주의 사학자 단재 신채호는 이를 근거로 확대 해석하여 우리 민족의 중심이 부여족이라는 가설을 제시하며 부여족 주족설을 주장하기도 하였다. 『삼국유사』 '동부여조'에는 건국과정에 대해 '북부여조'보다는 자세한 내용이 기록되어 있다.

"북부여왕 해부루의 재상 아란불의 꿈에 천제가 내려와서 이르기를, 장차 내 자손을 시켜 이곳에 나라를 세우려 하니, 너는 이곳을 피해 가거라, 동해의 물가에 가섭원이란 곳이 있는데, 땅이 기름지니 왕도를 세울 만하다고 하였다. 아란불은 왕에게 권하여 그곳으로 도읍을 옮기니, 국호를 동부여라고 하였다. 부루가 늙고 아들이 없어서 하루는 산천에 제사를 지내 후사를 구하였다. 탔던 말이 곤연에 이르러 큰 돌을 보고 마주 대하여 눈물을 흘렸다. 왕이 이것을 이상히 여겨 사람들을 시켜 그 돌을 굴리게 하니 금빛 개구리 모양의 어린아이가 있었다. 왕은 기뻐하며 말하기를, '이는 하늘이 나에게 아들을 내려 주심이로다'라고 하고, 이에 거두어 기르고 이름을 금와라고 하였다. 그가 자라자 태자로 삼았고 부루가 세상을 떠나자 금와는 자리를 이어 왕이 되었다. 다음 왕위를 태자 대소에게 전하였다. 지황 3년(22)에 고구려왕 무휼이 이를 쳐서 왕 대소를 죽이니 나라가 없어졌다."

여기서 북부여와 동부여 및 고구려와의 관계를 엿볼 수 있는데 동부여는 3세기 말 선비족 모용씨의 공격을 받은 북부여족의 일족이 세운 나라로 북부여에서 갈라져 나온 존재로 파악한 것이다. 북부여란 탁리국 출신의 동명집단이 중심이 되어 길림 지방을 중심으로 기원전 3세기 말에 국가를 형성하였다. 4세기 중반경 농안 지방을 중심지로 이동하였으며, 494년까지 존속한 부여를 나타낸 것으로 보고 있다. 한편 동부여란 고구려 건국 당시 실재하였던 것이 아니라, 기원후 285년 선비족 모용외의 1차 침공으로 부여의 핵심 집단의 일부가 옥저 지방으로 옮겨가 건국한 나라로 410년 고구려 광개토왕에 의해 멸망한 것으로 보고 있다. 동부여의 중심지에 대해서는 옥저·동예와 관련하여 함남 지방으로 보기도 하고, 치구루置溝婁가 책성이라는 입장에서 훈춘을 중심으로 하는 두만강 유역으로 보기도 한다. 또한 단결문화를 남긴 북옥저 지역에 주목하여 화룡 지방으로 보기도 한다. 그런데 2017년 여름 중국의 흑룡강성 목단강시 동쪽 지역의 동녕시에 가 보니 새로운 박물관이 들어섰는데 단결문화 유물을 중심으로 전시를 하고 있는 것을 보아 중국에서는 동녕시를 단결문화의 중심지로 보고 있는 것 같다.

　동부여의 왕 해부루가 금빛 개구리 모양의 어린아이를 거두어 금와라 하고 그를 태자로 삼았다. 해부루가 세상을 떠나자 금와가 뒤를 이어 왕이 되었으며, 그의 왕위는 아들인 대소가 이어받았다.『삼국사기』에서는 고구려의 시조 주몽의 탄생설화와 관련하여 금와에 대한 기록이 보인다. 금와는 태백산 남쪽의 우발수에서 하백에게 쫓겨난 하백의 딸 유화를 발견하고 궁중으로 데려왔으나 유화가 기이하게도 알을 낳자 이를 버리게 하였다. 그러나 알의 신비함을 알아

...... 단결유적 전경

...... 동녕박물관

삼국유사의 신화 이야기

차리고 유화에게 돌려 주었는데 이 알에서 주몽이 탄생한 것이다. 금와의 일곱 아들들이 주몽을 시기하여 그를 처치할 것을 건의하였지만 금와는 듣지 않고 주몽으로 하여금 말을 기르게 하여 그 뜻을 시험하고자 하였다. 그 뒤 주몽이 달아나자 그를 추격하는 군대를 파견하였지만 잡지 못하였다. 주몽이 남쪽으로 떠난 후에 유화가 동명성왕 14년(24)에 죽자 태후의 예로서 장사를 치러 주었으며, 금와 사후 왕위는 아들인 대소에 의해 계승되었다. 설화에서 개구리 모양의 인물이 속세가 아닌 곳의 영웅이나 신성왕으로 형상화되는 경우가 있다. 금와 또한 이러한 경우로 천신과 수신과의 결합으로 생각하여 개구리를 수신의 형상으로 볼 수 있으며, 고대 제왕의 수신적 영능을 신화로 승화시킨 것이라 하겠다.

한편 금와와 해부루는 혈연관계가 아니므로 이들을 계통을 달리하는 집단의 수장^{Chief}으로 볼 수 있다. 해부루 집단은 북부여 지역에 이동 정착한 뒤 비류수를 중심으로 초기국가를 건설한 선주 집단이고, 금와 집단은 곤연 지역을 중심으로 개구리를 토템으로 하며 김씨 성을 가진 후래 집단으로 보는 것이다. 금와 집단은 상대적으로 후진적인 집단으로 이 집단은 뒤에 선진된 문화의 영향을 받아 점차 두각을 나타내게 된 것이다. 금와의 대두는 이 집단 성장의 표시로 북부여 지역에서 정치적 주도권을 지니고 있었던 해부루 집단에 주목을 하였다. 해부루 집단은 금와 집단의 현실적인 세력을 인정하고 그들과 일정한 관계를 맺어 해부루가 금와를 길러 태자로 삼게 되었다는 구도를 설정한 것으로 볼 수 있다. 그러나 금와의 명칭으로 보아 성씨를 김씨로 보는 것보다는 금으로 상징되는 발달된 제철기술이 금와 집단의 현실적인 세력기반이라고 보는 것이 더 합리적일 것이다.

3. 동명과 주몽

금와의 장자인 대소는 처음에 주몽을 해치려다 실패하고, 뒤에 금와를 이어서 왕위에 올랐다. 『삼국사기』 고구려본기에 따르면 대소는 유리왕 14년(6) 고구려에 인질을 교환할 것을 요구하였는데 받아들여지지 않자 5만 군사로 고구려로 쳐들어갔으나 실패하였다. 유리왕 28년(9)에는 고구려에 사대의 예를 요구하였으나 고구려 왕 무휼(대무신왕)이 대소가 지난날 주몽을 해치려 하였다며 대소의 잘못을 따져 이를 물리쳤다. 유리왕 32년(13) 부여의 군대가 고구려에 쳐들어왔으나 무휼이 이를 격파하였다. 무휼은 고구려 제 3대 대무신왕으로 즉위한 후 고구려를 강한 나라로 만들었다. 『삼국사기』 고구려본기 '대무신왕 3년(20)조'를 보면

"겨울 10월에 부여왕 대소가 사신을 보내 붉은 까마귀를 보내왔는데 머리 하나에 몸이 둘이었다. 처음에 부여 사람이 까마귀를 얻어 왕에게 바쳤는데 어떤 사람이 말하였다. '까마귀는 검은 것입니다. 지금 변해서 붉은색이 되었고, 또한 머리 하나에 몸이 둘

이니, 두 나라를 아우를 징조입니다. 왕께서 고구려를 겸하여 차지할 것입니다.' 대소가 기뻐하여 그것을 보내고 아울러 그 어떤 사람의 말도 알려 주었다. 대무신왕이 여러 신하들과 의논하는데 대답하기를 '검은 것은 북방의 색인데 지금 변해서 남방의 색이 되었습니다. 또 붉은 까마귀는 상서로운 물건인데 부여왕이 얻어서 이를 갖지 않고 우리에게 보냈으니 양국의 존망은 아직 알 수 없습니다'라고 하였다.

부여왕 대소가 고구려를 얕잡아 보고 까마귀를 보냈는데 고구려가 오히려 이 기회를 잘 활용하여 부여를 아우를 수 있는 방향으로 대응하고 있는 모습을 볼 수 있다. 고구려에서 신하들이 모여 까마귀가 고구려에 온 것을 오히려 상서로운 징조라고 해석을 하자, 부여왕이 그 말을 듣고 까마귀를 보낸 것을 후회하였다. 여기서 고구려가 부여와 대등한 세력이 되었다는 것을 보여 주고 있다.

현재는 까마귀를 흉조라고 인식하고 사람들이 꺼리는 새이지만 고대사회에서는 까마귀를 길조라고 인식하고 숭배의 대상으로 삼았다. 고구려의 고분벽화를 보면 태양을 그리고, 그 안에 까마귀를 그려 넣어서 태양의 상징으로 인식하였다는 것을 알 수 있다. 『삼국유사』 '사금갑조'에도 까마귀가 나타나 상서로운 것을 제시하고 있는 것을 알 수 있다. 일본에서는 지금도 까마귀를 길조로 여기고 있으며, 오히려 까치를 흉조로 여기고 있다. 시대에 따라, 나라에 따라 길조와 흉조가 다르게 나타나는 것을 알 수 있다. 한편 고구려의 고분벽화에 달을 그린 그림에는 개구리나 옥토끼가 함께 그려져 있는 것을 볼 수 있다. 그렇다면 태양에 그려진 까마귀는 고구려의 상징이며, 달에 그려진 개구리는 부여의 상징이라고 볼 수 있을 것 같다. 그렇다면 해가 뜨고, 달이 지는 것은 고구려가 흥기하고, 부여가 쇠락해 가고 있다는 것을 비유한 것이라고 해석할 수도 있을 것이다.

까마귀와 관련된 이 이야기는 그때까지 부여와 비교해서 열세에 있었던 고구려가 세력을 길러 부여를 격파할 정도로 성장하였다는 것을 암시하는 내용이다. 『삼국사기』에 따르면 다음 해인 대무신왕 5년(22) 2월에는 부여왕 대소가 고구려의 괴유에게 죽임을 당하기에 이른다. 대소가 죽은 후 금와왕의 막내 아들이 갈사수에 이르러 나라를 세우고 왕을 칭하였는데 이것을 갈사국이라고 하였다.

동명과 주몽은 다른 뜻을 가졌는데도 불구하고 고구려의 시조를 동명이라고 부른 이유는 주몽을 동명과 같이 신성시하고자 한 데서 비롯되었다고 할 수 있다. 동명이란 말은 한 사람의 이름만을 가리키는 고유명사가 아니라, 부여에서 신성한 존재를 가리키는 보통명사로도 해석할 수도 있다. 고구려의 국중대회인 동맹이 동명과 통한다는 점에서 동명이란 말은 하늘에 제사를 지내는 주재자를 가리키며, 천제의 아들이라는 뜻이라고 해석해 볼 수도 있는 것이다.

4장
·····

삼한의 군장과 천군

　삼한은 마한, 진한, 변한을 일컫는데 『삼국지』 위지 동이전을 보면 마한에 54국, 진한에 12국, 변한에 12국이 있었다고 기록되어 있다. 마한에는 대국과 소국이 있는데 대국은 1만여 가, 소국은 수천 가라고 하여, 인구가 대국은 5-6만, 소국은 1-2만 정도라는 것을 알 수 있다. 변·진한의 경우 대국은 4-5천 가, 소국은 6-7백 가이므로 대국은 인구가 2만-3만, 소국은 3천-3천 5백 정도이다. 이를 통해 볼 때 마한의 대국과 변·진한의 소국은 인구가 10여 배 차이기 나고 있어 발전단계의 차별성을 보이고 있다. 한편 각 대국과 소국에는 군장과 천군이 있어 정치와 종교가 분리되어 있는 것을 알 수 있다.

1. 6촌장 탄강신화

『삼국유사』 신라시조 혁거세왕조를 보면 진한의 6촌장에 대한 설화가 남아 있다.

"진한의 땅에는 옛날에 6촌이 있었다. 첫째는 알천 양산촌인데 남쪽은 지금의 담엄사로 촌장은 알평이다. 처음에 표암봉으로 내려오니, 급량부 이씨의 조상이 되었다. 둘째는 돌산 고허촌인데, 촌장은 소벌도리이다. 처음에 형산으로 내려오니, 사량부 정씨의 조상이 되었다. 지금은 남산부라고 하는데 구량벌·마등오·도북·회덕 등 남촌이 이에 속한다. 셋째는 무산 대수촌인데, 촌장은 구례마이다. 처음에 이산으로 내려오니 점량부 또는 모량부 손씨의 조상이 되었다. 지금은 장복부라고 하는데 박곡촌 등 서촌이 이에 속한다. 넷째는 취산 진지촌인데, 촌장은 지백호이다. 처음에 화산으로 내려오니 본피부 최씨의 조상이 되었다. 지금은 통선부라 하는데 시파 등 동남촌이 이에 속한다. 최치원은 본피부 사람이다. 지금 황룡사 남쪽에 있는 미탄사 남쪽에 옛터가 있는데 최치원의 옛 집이 분명하다. 다섯째 금산 가리촌인데, 촌장은 지타이다. 처음에 명활산으로 내려오니, 한기부 배씨의 조상이 되었다. 지금은 가덕부라고 하는데, 상서지·하서지·내아 등 동촌이 이에 속한다. 여섯째는 명활산 고야촌인데, 촌장은 호진이다. 처음에 금강산으로 내려오니, 습비부 설씨의 조상

이 되었다. 지금의 임천부인데, 물이촌·잉구미촌·궐곡 등 동북
촌이 이에 속한다. 위의 글을 살펴보면 이 6부의 조상은 모두 하
늘로부터 내려온 것 같다. 노례왕 9년(32)에 비로소 6부의 이름
을 고치고, 또한 여섯 성을 주었다. 지금 풍속에는 중흥부를 어머
니, 장복부를 아버지, 임천부를 아들, 가덕부를 딸이라고 하는데
실상은 상세하지 않다."

위에서 보았듯이 6촌의 촌장들은 모두 하늘에서 산으로 내려오는
천강신화로 되어 있다. 마치 환웅이 하늘에서 태백산의 신단수로 내
려오듯 예외 없이 하늘에서 산으로 내려오는 모습을 보이고 있는 것이
다. 반면에 박혁거세 신화는 하늘에서 빛이 내려오고, 그곳에 알
이 있어서 그것을 깨니 사람이 태어나는 난생적 요소가 있어서 흔히
난생신화라고 해석을 하였다. 그러나 빛이 하늘에서 내려왔다는 사
실을 감안한다면 '박혁거세 신화'는 천강적 요소와 난생적 요소 모두
지니고 있는 것이다. 한편 고구려의 '주몽신화'에 있어서도 하늘에
서 빛이 내려와 잉태를 하였으며, 알에서 태어났으므로 천강적 요소
와 난생적 요소 모두를 지니고 있는 것이다. 따라서 천강신화는 북
방신화이며, 난생신화는 남방신화라는 도식은 성립하지 않는 것이
다. '환웅신화'와 '6촌장 신화'가 하늘에서 내려온 천강신화이므로 시
기적으로 앞선 것을 볼 수 있는 것이다. 그러다 '주몽신화', '박혁거세
신화', '김수로 신화'와 같이 천강적 요소와 난생적 요소가 결합된 복
합적 신화로 변화된 것으로 보아야 할 것이다.

······ 탁자식 지석묘

······ 바둑판식 지석묘

　천강신화는 북방신화이며, 난생신화는 남방신화라는 도식은 일본인 학자들이 한국의 문화를 북방문화와 남방문화로 나누어 북방문화는 북방민족과, 남방문화는 일본문화와 친연성이 있다는 것을 은근히 강조하고자 한 것이다. 이를 통해 일선동조론을 강조하고자 하는 아주 불순한 동기에서 비롯한 것으로 사실에 맞지 않고 근거가 희박한 공허한 이론에 불과하다. 청동기 시대의 지석묘를 '북방식 지석묘'와 '남방식 지석묘'로 나누어 '탁자식 지석묘'를 '북방식 지석묘', '바둑판식 지석묘'를 '남방식 지석묘'로 명명한 것도 그러한 의도가 숨어 있는 것이다. 그러나 북쪽 지역에서도 '바둑판식 지석묘'가 있으며, 남쪽에도 '탁자식 지석묘'가 있으므로 사실과 부합하지 않는다. 그런데도 아직까지 '북방식 지석묘'니 '남방식 지석묘'니 하는 명칭을 쓰고 있는 학자들이 있으며, 박물관이나 문화유산의 현장에서도 그러한 명칭을 사용한 안내문이 있으니 안타까운 일이 아닐 수 없다.

2. 삼한의 제천대회

　고대의 국가제사에서 가장 먼저 눈에 띄는 것은 『삼국지』 위지 동이전에 보이는 제천의례이다. 이에 따르면 부여에는 영고, 고구려에는 동맹, 동예에는 무천, 삼한에는 계절제가 있었다고 한다. 이 중삼한의 제천의례는 삼한이 한반도 남쪽 지역에 위치하고 그중 하나인 마한의 제천의례가 가장 구체적으로 기록되어 있다.

> "항상 5월에 파종을 하고 난 다음 귀신에게 제사를 지내는데 무리를 지어 모여 노래하고 춤을 추고 술을 마시는 데 밤과 낮을 가리지 않았다. 춤을 출 때 수십인이 갖추어 서로 따르는데 위아래로 땅을 밟고, 손과 발이 맞닿는 것이 마치 중국의 탁무와같았다. 10월 농사일을 마치고 또한 이와 같이 하였다. 귀신을믿는데 국읍에서 한 사람을 세워 천신에 대한 제사를 주관하게하였는데 천군이라고 하였다. 또한 여러 나라에는 각각 별읍이있었는데 이를 소도라 불렀다. 큰 나무를 세우고, 방울과 북을걸어 귀신을 받들었다. 도망하는 사람들이 거기에 이르면 모두돌려보내지 않아 도적질을 좋아하였는데 그것이 소도를 세운뜻이다. 이는 부도(사찰)와 유사하였는데 행하는 바에 있어 선악의 차이가 있었다."

　항상 5월에 파종을 한 다음 귀신에게 제사를 지내고, 10월에 농경을 마치고도 똑같이 하였다. 남녀가 무리를 지어 군무를 하는데 춤추는 모습이 땅을 밟고 뛰는 도무跳舞를 하며, 손과 발을 맞닿게 하여 하늘과 땅을 연결시키는 천지일체형 춤을 추고 있다. 이는 인간이 기원하는 바를 천신과 지신에게 염원하면서 하늘과 땅을 연결시켜 몰아의 경지에 이르고자 하는 의도에서 행하는 것이다. 5월에 파종하고 10월에 농경을 마치고 제사를 지낸다고 하였으니 농경의례임이 분명하다.

다만 천신이라고 표현하지 않고 귀신이라고 표기되어 있는 것이 특이하다. 귀신을 믿는데 국읍에 각 1인을 세워 천신에게 제사를 지내도록 하였다고 하고, 이를 천군이라고 하였으므로 귀신과 천신은 같은 것으로 이해할 수도 있다. 그런데 여러 나라에는 각각 별읍이 있어 이를 소도라고 하며, 큰 나무를 세우고 방울과 북을 걸어 귀신을 섬긴다고 하였는데 천신에 대한 언급이 없다. 따라서 여기서 귀신이란 산신을 비롯한 수신이나 호신 등 여러 잡신에게 제사를 지낸 것이라 볼 수 있다. 여러 신들 중 천신에 대한 제사는 국읍에서 각각 1인을 세워 담당하게 하고 천군이라 한 것으로 이해할 수 있다. 여러 나라에 각각 별읍을 두고 소도라 부르며 귀신을 섬겼다는 기록에는 천신에 대한 언급이 없다. 즉 국읍에는 천신을 섬기는 천군이 존재하고, 별읍에서는 귀신을 섬겼던 것이다.

3. 천군天君과 무巫

『삼국사기』 신라본기 남해차차웅조에는 귀신을 섬기는 존재인 무巫에 대한 기록이 남아 있다. 이에 따르면 세상 사람들이 무당을 통해 귀신을 섬기고 제사를 받드는 까닭에 존장자를 자충慈充이라 하였다고 한다. 여기서 귀신을 섬기고 제사를 받드는 것이 무당이라는 것을 알 수 있다. 또 『삼국지』 위지 동이전 왜인조에는 비미호卑彌呼가 있어서 귀신을 섬기고, 무리들을 현혹하였다는 기록이 있는데 이 비미호를 무당으로 보고 있다. 이를 통해 국읍에서는 각 한 사람을 세워 천신에게 제사를 지내는 것을 주관하게 하였는데 그가 천군이며, 별읍에서는 무당이 큰 나무를 세우고 방울과 북을 걸고 귀신을 섬겼다는 것을 알 수가 있다.

그러면 천군과 무당과의 차이는 무엇일지 궁금해진다. 무당은 부족사회의 문화에서 나타나며, 제사장은 국가의 형성과정과 밀접한 것으로 알려져 있다. 무당은 영혼과의 접촉으로 그 힘을 얻는 데 반하여, 제사장은 특별한 훈련을 통해 신임을 얻는다. 또 무당은 시간제로 독립적인 일을 하는데 비하여 제사장은 조직사회의 일원으로서 전적으로 전문적인 일을 수행하며, 무당이 대상으로 하는 것은 개인이지만, 제사장은 의식을 거행할 때 집단활동을 주도하는 사람이기 때문에 제사장은 활동범위에서도 차이가 난다.

이와 같이 무당과 제사장의 차이를 비교해 보면 삼한의 천군은 무당이라기보다 제사장에 해당된다고 할 수 있다. 천군은 봄과 가을에 걸쳐 행하는 농경의례를 전적으로 주관하였다. 이때 행해진 농경의례는 농경 위주의 사회에서 이루어지는 최대의 축제이자 종교의례이기도 하였다. 무리를 지어서 춤을 추는 음주가무가 밤낮을 가리지 않고 계속되었다는 것도 이 행사의 성격을 짐작하게 해 준다. 천군은 집단의 의례를 주관하는 전문적 직위에 있던 사람으로 앞서 언급한 제사장의 성격과 천군의 그것이 유사함을 알 수 있다.

그렇다면 국읍에서 천군이 천신에게 제사 지내는 것과 별읍에서 무당이 귀신을 섬기는 것은 커다란 차이가 있다고 하겠다. 즉 귀신에 대한 제사는 무당이 지낼 수 있지만 천신에 대한 제사는 국읍에서 세운 천군만이 지낼 수 있는 것이다. 이것은 국읍에서 사상적으로 일원화되어 가는 모습을 나타내는 것이며, 다른 잡신은 천신의 하위구조에 편성되었다고 할 수 있다. 천신에게 제사하는 천군이 보이는 단계는 지배이데올로기를 일원화하였다는 입장에서 거의 초기 국가단계에 이르렀다고 볼 수 있으며, 마한의 대국이 여기에 해당한다고 할 수 있다. 따라서 이들 소국과 대국들의 발전단계가 모두 동일하다고 할 수 없는 것이다. 소국은 수장사회^{Chiefdom}단계라고 한다면 대국은 초기 국가단계로 발전하였다고 볼 수 있는 것이다.

1988년 한국고대사연구회의 첫 번째 합동토론회에서 필자가 고대 국가 발전단계에 대한 연구 발표를 하며, 소국^{小國}은 수장사회단계이며 대국^{大國}은 초기국가단계라는 내용의 발표를 하였다. 이때 동국대학교의 김상현 교수가 큰 사람^{大人}만 사람이고, 작은 사람^{小人}은 사람이 아니냐고 반문을 하여 폭소를 자아내었던 적이 있었다. 그러나 개인의 경우와 사회구성체의 경우는 그 규모에 따라 그 성격을 달리 할 수 있는 것이다. 예컨대 기업의 경우, 영세기업·중소기업·중견기업·대기업 등 규모가 다르나 모두 다 기업이라고 할 수 있지만 진정한 기업은 가족 단위의 기업을 벗어나 상장된 기업이 진정한 기업이라고 할 수 있는 것이다. 그리고 대인은 큰 사람이 아니라 성인이며, 소인은 작은 사람이 아니라 어린아이이기 때문에 역시 발전 단계상 커다란 차이를 보이고 있는 것이다

4. 소도의 성격

소도는 일찍이 민속학적 측면에서 주목을 받았는데 그 선구적인 연구는 손진태 선생에 의해 이루어졌다. 그는 소도를 입목, 간목을 나타내는 '소대', '솔대', '숏대'에서 연유한 것으로 보고 별읍의 입구에 세워 둔 경계신 또는 읍락신으로 이해하였다. 또 이를 한자의 뜻으로 풀이하여 소생과 부활의 방도로서의 도피처 곧 별읍 그 자체를 가리키는 것으로 보았다. 한편 그 도피처로서의 기능으로 미루어 고대 국가 형성 과정에서 일어난 신구 문화의 갈등을 조절하는 제도적 장치가 아닐까 추측을 하기도 한다. 또는 환웅신화에 보이는 신단수의 변형으로 보아 처음에는 대목 그 자체를 의미하던 것이 후에 천신이 사는 곳 또는 신성지역을 뜻하는 것으로 개념이 확대된 것으로 이해할 수도 있다.

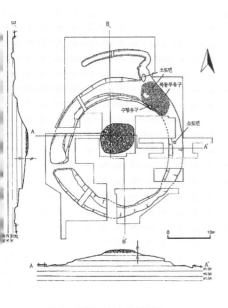

...... 부천 고강동 소도유적 평면도

경기도 부천시에 가면 고강동에 소도로 보이는 유적이 발견되어 주목을 받은 바 있다. 고속도로를 건설하는 과정에서 당시 배기동 한양대 박물관장이 발굴을 주도하여 조사를 하였는데 높은 언덕 위에 돌무더기가 정연하게 놓여져 있는 것을 발견한 것이다. 그리고 제사의례를 하였던 것으로 볼 수 있는 신성 공간이 마련되어 있어서 사서에 나오는 소도에 해당하는 것으로 해석을 하였다. 언덕 마루터기에 돌무더기가 쌓여 있고, 돌로써 경계를 이루고 있기 때문에 소도의 모습이라고 해석을 한 것인데 이후 여러 곳에서 이러한 유적이 발견되어 연구가 진행되고 있다.

소도의 기록을 제천의례와 연관시켜 소도가 봄과 가을 농경의 최대 행사가 열리는 장소이고, 천군이 제사 지내는 신성한 곳이라는 견해도 있다. 그러나 사서에 국읍에는 천군이 있고, 여러 나라의 별읍에는 소도가 있다고 하였으므로 이 둘은 구분해 보아야 할 것이다. 여러 나라에 각각 별읍을 두고 소도라 하여 귀신을 섬겼다는 기록에는 천신에 대한 언급이 없다. 무당과 제사장의 차이를 비교해 보면 삼한의 천군은 무당이라기보다 제사장에 가깝다고 할 수 있다.

...... 한국의 솟대

    그렇다면 국읍에서 천군이 천신에게 제사를 지내는 것은 별읍에서 무당이 귀신을 섬기는 것과는 커다란 차이를 보이고 있는 것이다. 즉 귀신에 대한 제사는 무당이 지낼 수 있지만 천신에 대한 제사는 국읍에서 세운 천군만이 지낼 수 있는 것이다. 이것은 국읍에서 사상적으로 일원화하여 나가는 모습을 보이는 것이며, 다른 잡신들은 천신 위계 구조 아래 재편성된 것이라 할 수 있는 것이다.

    1989년 영일 냉수리에서 신라시대 비석이 발견되었는데 여기에는 제사와 관련된 내용이 새겨져 있어서 많은 주목을 받았다. 비문에 '전사인典事人', '살우煞牛' 등 제사와 관련된 문구가 나올 뿐 아니라 이 지역이 역사적으로 제사와 밀접한 관련을 갖고 있기 때문이다.

…… 영일 냉수리 신라비

연오랑·세오녀의 전설이 깃들어 있으며, 천사옥대로 유명한 진평왕의 원찰인 법광사가 비석이 발견된 지역에서 7킬로미터 정도 떨어져 있다. 이 비석이 발견된 지역은 원래 제천의례를 지내던 곳으로서 파사왕 대에 신라의 영역이 된 이후에도 제천의례가 지속되었는데, 소지왕 대에 이르러 제사체계를 재편성하며 제사권을 중앙정부에서 장악한 것을 알 수 있다. 신라가 제사체계를 일원화하는 과정에서 이곳의 독자적인 제사권을 제관인 절거리節居利로부터 박탈하였지만 이 지역에 대한 재산권을 인정해 준 내용이다. 이 지역 제사의 경제적 기반이던 이 지역에 대한 수취권을 그대로 인정해 주는 대신, 제사에 대한 권한은 중앙정부가 장악한 것을 보여 주고 있다. 즉 이 비석은 신라의 중앙정부가 일원화된 제사체계를 강하게 과시하기 위해 세운 것으로 볼 수 있다.

이와 같이 천신을 중심으로 기타 귀신들을 하위신으로 재편성하는 과정에서 사회적 갈등이 일어났을 것이다. 이에 소도로 도망해가는 사람들이 나타났으며, 그것은 마치 부도와 유사한데 행하는 바에 선악의 차이가 있다고 한 것이다. 부도란 불탑 이외에 부처, 불교, 사찰을 의미하는데 여기서는 공간적 개념이므로 사찰로 보아야 할 것이다. 국읍에서는 천신에게 제사를 지내는데 제사권을 장악하여 제천의례를 행하고, 이를 통해 지배이데올로기로서 활용하였다고 할 수 있다.

5장
·····
박혁거세와 알영

　신라의 신화는 '박혁거세 신화', '석탈해 신화', '김알지 신화' 등이 『삼국사기』와 『삼국유사』 등에 실려 있다. '박혁거세 신화'는 시조신화이면서 건국신화이기도 하며, '석탈해 신화'와 '김알지 신화'는 시조신화의 의미만 지니고 있다. 신화는 신들의 이야기이지만 인간들이 자기들의 필요에 의해 만들어 낸 이야기이며, 역사적 사실과 관련된 신화는 역사적 의미를 지니고 있다. 따라서 신라의 신화는 신라의 역사적 발전 과정을 잘 나타내고 있다. 특히 건국신화는 역사성이 농후하여 사회상 반영이 높은 상징적 측면과 역사적 측면을 강하게 지니고 있으므로 신화의 해석과 더불어 사회생활 연구가 기반이 되어야 하고 상호 보완되어야 한다.

1. 박혁거세의 탄생신화

'박혁거세 신화'는『삼국사기』,『삼국유사』,『제왕운기』등에 실려 있는데 그 내용은 대동소이하다. 먼저『삼국사기』'시조 혁거세거서 간조'의 내용을 살펴보면 다음과 같다. 고허촌장 소벌공이 바라본 양산은 지금의 남산인데 남산은 일찍부터 신라인들의 성스러운 장 소였다. 불교가 수용된 이후 특히 통일기 이후 많은 불교미술이 이 곳에서 이루어진 것은 본래부터 이곳이 신라인에게 성스러운 곳이 었기 때문이다. 불교가 대중화되면서 토착신앙의 성소였던 이곳에 불교적 조형물이 들어서게 된 것이다. 마치 이것은 천경림이나 신유 림에 흥륜사와 사천왕사가 들어선 것과 같은 이치라고 하겠다.

이 신화의 현장에는 우물이 있는데 이는 알영의 등장에도 나타나 며 우리 고대사회의 정천신앙井泉信仰과 관련된 것을 알 수 있다. 또한 우물 옆의 수풀은 신라의 수목신앙樹木信仰의 기원임을 알 수 있다. 전 불칠처가람前佛七處迦藍의 천경림, 신유림과『삼국사기』제사지에 나오 는 문열림 등에서 보는 바와 같이 신라의 수목신앙은 매우 보편적인 현상이었다. 그것은 김알지 신화에서도 볼 수 있는데 김알지가 태어 난 곳이 바로 계림이다. 그리고 신라 금관에 보이는 나뭇가지 모양 장식을 통해서도 알 수 있는데 신라 금관의 시원이 시베리아 샤먼의 관이라는 견해도 경청할 만하다고 하겠다.

...... 경주 나정 전경

...... 황남대총 금관
출처: 국립중앙박물관

　요즈음 텔레비전 드라마를 보면 신라의 임금이 대전에서 신하들과 정사를 논하는 자리에 금관을 쓰고 나오는 경우가 있는데 이는 금관의 용도를 잘 몰라서 그런 것이다. 금관은 실내에서 착용하는 것이 아니라 야외에서 제사를 지내거나 행사를 하는 데 착용하는 것이다. 특히 오전 11시에서 12시 사이에 북쪽에 위치하고 있는 시조묘나 신궁에서 제사를 지내고 뒤로 돌아서서 남쪽을 보며 신탁을 받은 내용을 대신들에게 전달할 때 착용하면 매우 효과적이다. 왜냐하면 금관을 쓰고 남쪽을 보면 태양이 금관에 반사되어 햇빛이 번쩍거리며, 특히 영락이 흔들리며 빛을 산란시켜 그야말로 휘양찬란한 상황을 연출하여 임금은 하늘이 내신 천손이라는 경외심을 갖게 하는 것이다. 특히 이 때 요대를 착용하면 그러한 효과는 더욱 증대되는

데, 움직이면서 쇳소리가 나기 때문에 빛과 소리를 활용한 카리스마를 연출할 수 있는 것이다. 군대에서 헌병들이 일반 병사와 달리 반짝거리는 헬멧을 쓰고 바지 아래 쇠구슬을 넣어, 걸을 때 소리가 나도록 하여 일반 병사들과 다르게 보이는 것도 바로 빛과 소리를 활용한 카리스마를 연출하는 것으로 같은 원리라고 할 수 있다.

여기서 신화의 현장이 된 산, 우물, 수풀은 모두 신라인들의 현실적 생활에 필요한 요소들이다. 그러나 더 중요한 것은 천신이 강림할 때 산의 나무를 통해 내려오는 샤머니즘적 세계관을 보이고 있다는 점이다. 환웅이 내려온 태백산 꼭대기 신단수와 6촌장이 내려온 봉우리, 김수로왕이 내려온 구지봉도 마찬가지라고 하겠다. 구지봉은 우리말로 굿봉을 한자로 표기한 것으로 보기도 한다. 혁거세의 등장을 알리는 말은 천상과 지상을 연결하는 메신저의 역할을 하였으며, 말에 대한 이러한 사상은 신라의 말무늬 토기, 말모양 토기와 함께 신라 지배층의 문화적 성격의 일면을 나타내 준다. 예전에는 155호분의 천마도를 박혁거세 신화와 관련시켜 보기도 하였으나, 근래에 그림의 동물이 말이 아니라 기린이라는 새로운 견해가 발표되어 주목을 받고 있다.

기린은 상상의 동물로서 뿔이 하나인 독각수인데 155호분의 말다래 장식의 그림은 독각수가 그려져 있어서 말이 아니라 기린이라는 것이다. 처음에는 반신반의하는 분위기였으나 지금은 여러 학자들이 동의를 하고 있다. 특히 2009년 한국 박물관 개관 100주년 기념 특별전을 하면서 적외선 촬영결과 뿔이 하나인 독각수(유니콘)라

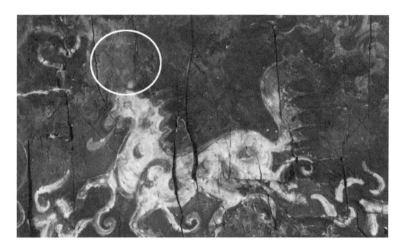

...... 155호분 말다래 장식 기린도

는 것이 판명되어 말보다는 기린이라는 견해가 더 인정을 받게 되었다. 박씨 토템을 말로서 오인하고, 155호 무덤의 말다래에 그려진 그림을 천마라고 오해한 데서 비롯한 것이기 때문이다. 따라서 앞으로는 천마총이 아니라 기린총이라고 바꾸어야 할 텐데 문화유산 현장의 안내문이나 자료에는 아직도 천마총이라고 되어 있다.

　여기서 말을 박씨 토템으로 보는 견해가 있으나 말은 그야말로 메신저의 역할이지 그 자체가 신화의 주인공이 아니라는 것을 인식해야 할 것이다. 그러한 견해는 신라의 발전과정을 원시적인 단계로 보아 부족사회에 나타나는 토템을 박씨족의 말, 김씨족의 닭으로 잘못 보았던 데에 기인한다. '박혁거세 신화'의 주인공은 하늘과 관계를 가진 존재였다는 것을 염두에 두어야 한다. 혁거세가 나타난 알은 하늘에서 내려온 것이기 때문이다. '김알지 설화'에서도 닭은 신

화의 주인공이 아니라 주인공의 등장을 알리는 메신저 역할에 불과
하였다는 것을 잊어서는 안 되는 것이다. 이러한 자료는 오히려 부
족사회의 단계를 극복한 모습을 보여 주고 있다고 해석할 수 있다.
프로야구단 삼성 라이온즈와 KIA 타이거즈가 각각 사자와 호랑이
를 상징 동물로 하고 있지만 이들 팀의 토템이라고 할 수는 없는 것
이다.

그런데 신화의 주인공이 큰 알이므로 이를 흔히 난생신화로서 이
해하여 남방문화의 신화로 본 것은 잘못된 것이다. 천강신화는 북방
신화이며, 난생신화는 남방신화라는 틀에 맞추다 보니 억지 해석을
한 것이다. 그러나 부여와 고구려의 신화도 난생신화의 요소가 있으
며, 신라와 가야의 신화도 천강신화의 요소를 지니고 있다. 천강신
화의 요소만 있는 것은 환웅신화로서, 이는 지역적인 차이가 아니라
시대적 차이가 있는 것으로 보아야 하는 것이다. 박혁거세를 추대한
6촌장의 설화도 천강신화의 요소만 있는 것으로 볼 때 천강신화가
시기가 앞서고, 난생신화가 시기가 늦은 것으로 보는 것이 합리적
해석이라고 하겠다.

어린아이가 태어나 그 아이를 데려다 길렀는데 10여 세에 이르자
6부의 사람들이 그 탄생이 신이하므로 받들어 임금으로 삼았다. 이는
유이민세력과 토착세력 사이의 일정한 관계 속에서 국가가 형성되고
왕으로 추대되었다는 것을 알 수 있다. 이 신화의 천강적 요소와 난생
적 요소가 어우러져 왕이 될 수 있었던 기반이라고 할 수 있다.

앞에서 언급하였듯이 혁거세를 추대하였던 육부의 촌장들은 모두

천강신화를 가지고 있다. 이에 대한 자세한 내용은『삼국유사』'신라시조 혁거세왕조'에 나타나 있다. 알천 양산촌장 알평은 표암봉에 내려왔으며, 돌산 고허촌장 소벌도리는 형산에, 무산 대수촌장 구례마는 이산에, 취산 진지촌장 지백호는 화산에, 금산 가리촌장 지타는 명활산에, 명활산 고야촌장 진호는 금강산에 내려온 것으로 기록되어 있다. 이들이 자제들을 거느리고 알천가에 모여 덕이 있는 사람을 임금으로 삼고 나라를 세우고자 한 것이다. 혁거세가 이들과 다른 점은 천강적 요소뿐만 아니라 난생적 요소도 지니고 있다는 점이다. 그 성을 '박'으로 삼은 것도 그 큰 알의 모습이 바가지처럼 생겼기 때문이다. 6부의 시조들도 천강신화를 지니고 있으나 혁거세는 천강적 요소와 더불어 난생적 요소도 지니고 있다. 또한 그 신이함을 말이 증명하였으며, 새와 동물들이 따라오며 춤을 추었다.

2. 알영과 신성혼

혁거세의 신이함을 더해 주는 것이 알영의 등장과 신성혼이라고 하겠다. 혁거세의 왕비가 된 알영은 정월에 용의 갈빗대에서 태어났다고 하였으므로 신이한 측면을 보이고 있다. 또한 용이 알영 우물에 나타났다고 하는데 혁거세의 탄생도 양산의 나정 우물과 관련성이 있어 유사성을 보이고 있다. 2002년 중앙문화연구원이 나정 근처의 지역에서 조사를 하다가 팔각건물지로 추정되는 유적을 발굴하였다. 2차에 걸쳐 조성된 것으로 보았는데 돌무더기가 팔각으로 펼쳐져 있어서 팔각건물이 있었다는 것을 알 수 있으며, 우물의 존재도 확인할 수 있었다. 또한 팔각의 각 길이가 고구려의 수도 집안의 환도산성에서 발견된 팔각건물지의 길이와 매우 유사하여 영향관계가 있었다는 것을 알 수 있다. 이 팔각건물지는 이성산성에서도 발굴된 바 있으며, 일본 나니와궁의 태극전 옆에서도 확인이 되고 있다. 또한 구마모토에 있는 기쿠치시의 유적에서도 확인되고 있다. 이 팔각건물지는 종교시설로서 제사의례를 지내는 신성 공간이라는 공통점을 갖고 있다. 그러나 이것이 신라의 시조묘나 신궁이라는 견해는 위치상으로 볼 때 더 신중한 검토를 필요로 하고 있어 아직은 성급한 결론이라고 생각한다.

용과 우물은 물과 관련이 있는데 이는 농경생활을 의미한다고 하겠다. 박혁거세 17년(기원전 41) 왕이 6부를 순행하였는데 왕비 알영이 따라갔으며, 농경과 누에치기를 장려하고, 땅의 이로움을 다하도록 하였다고 한다. 알영을 이상히 여기고 데려다 기른 노구는 단순한 할머니가 아니라 무당과 같은 종교적 전문가라고 할 수 있다. 석탈해를 데려다 기른 해변의 노구 아진의선도 마찬가지로 무당과 같은 종교적 전문가이며, 이 노구는 왕실과 관련된 중요한 일에 관여하는 신이한 존재이다. 이러한 신이한 존재인 알영을 들어어 왕비로 삼음으로써 혁거세의 신성성은 더욱 높아져 결국 이성二聖으로까지 불려지게 되었다. 알영에 대한 보다 자세한 기록이『삼국유사』'시조혁거세왕조'에 실려 있다.

...... 경주 알영정 전경

　여기서는 계룡이 나타나서 왼쪽 갈빗대에서 여자아이가 탄생한 것으로 기록되어 있으며, 입술이 닭부리 모양이라고 하여 닭과 관련성이 강조되어 있다. 또한 그 부리를 월성 북촌에서 제거하여 하천과 관련성을 보이고 있다. 궁실을 남산 서쪽 기슭에 조영하였는데 이를 일연선사는 창림사라고 하여 그 위치를 비정하였다. 현재 발굴이 진행되고 있는데 불교와 관련된 석재들이 출토되었다.

　두 사람이 13세에 이르자 왕과 왕비로 삼았다고 하였는데 이 나이는 바로 성인이 될 수 있는 나이이다. 갑자년(기원전 57년)에 왕위에 오르고 국호를 사로국으로 함으로써 비로소 국가가 건국되었다. 그런데 혁거세가 갑자년에 즉위하고 갑자년에 사망한 것으로 기록되어 있어 이를 사실로 받아들이지 않는 견해도 있다. 주석에는 정월

15일이라는 견해도 소개가 되고 있는데 이때는 정월 대보름이며, 새해가 시작되는 날로서「울진봉평신라비」에 새겨진 날짜도 갑자년 정월 15일로 되어 있다. 정월 15일은 무언가 새로운 것을 시작하는 의미로서 인식하고 있었다는 사실을 알 수 있다. 정월 15일은 대보름날로서 음력으로 새해가 시작된다는 의미를 가지고 있다. 그래서 민속에서는 대보름날 부럼을 까서 먹고, 달님에게 새해의 소망을 기원하는 것이다.

3. 산신신앙과 무속신앙

지금도 마을에서는 산신제나 장승제 등 마을 공동체의 안녕과 풍년을 기원하는 마을 제사를 지내고 있다. 이때 마을 제사를 지내는 제관은 무당이 하는 것이 아니라 마을 사람 중에서 생기복덕生氣福德이 있는 사람을 선발하여 하는 것이다. 집안에 임산부가 있거나 우환이 있는 사람을 제외하고 마을 사람들이 돌아가면서 담당하는 것이다. 마을 제사의 제관을 특별한 주술적 능력이 있는 무당이 맡는 것이 아니라 마을 사람 중에서 돌아가며 맡는다는 것은 매우 중요한 전통이다. 무당이 참여하는 경우가 있기도 하지만 이는 제관으로서가 아니라 제사의 흥을 돋구는 역할에 지나지 않는다. 무당이 마을 제사의 제관을 맡는 것은 바닷가의 별신제에서 이루어진다. 전국의 마을 제사의 현장을 조사해 보면 제관의 대부분을 마을 사람 중에서 선발한다는 것은 한국문화를 이해하는 데 매우 중요한 점이라고 할 수 있다. 마한에서 각 나라가 한 사람을 선발하여 천신에게 제사를 지내도록 하여, 이를 천군이라 하였다는 기록이 남아 있는데 그런 전통이 현재까지 면면이 이어졌다고 할 수 있다. 우리가 한국의 토착신앙을 논할 때 흔히 무속신앙이 그 근간이라고 알고 있지만 사실 무속신앙은 청동기시대에 시베리아의 샤머니즘이 전래되어 우리의 토착신앙과 융화된 것이다.

엄밀히 말하자면 한국의 토착신앙은 천신신앙, 산신신앙, 수신신앙이라고 할 수 있으며, 그중에서 가장 보편적인 것이 산신신앙이라고 할 수 있다. 그 산신신앙의 제관을 무당이 아니라 마을 사람들 중에서 돌아가며 맡는다는 것은 한국 전통문화의 중요한 단면을 보여주고 있는 것이다. 따라서 한국의 토착신앙의 특징은 특정한 종교적

······ 남해안 별신굿 출처: 한국학중앙연구원

카리스마를 가진 종교 전문가가 중요한 것이 아니고, 공동체 구성원 자체 내에서 이루어진다는 것이 중요한 것이다. 개항 이후 선교사들이 한국에 와서 종교적 카리스마를 가진 종교 전문가인 무당들에 주목하고 한국문화의 특징으로 무속신앙을 착안하였다. 그러나 이는 피상적인 이해로 전국에 보편적으로 이루어지는 마을 제사인 산신제의 제관은 마을 공동체 구성원이 담당하고 있는 것이다. 또한 집안의 가신신앙의 경우 주부가 사제의 기능을 하는 것이다. 무당은 별신제에서 제관을 맡거나 집안에 우환이 있는 경우 굿을 하는 데서 사제의 기능을 담당하는 것으로 사회적 기능을 갖고 있는 것이 아니다. 서양의 선교사들이 한국의 깊이 있는 산신신앙은 보지 못하고 자기들과 같은 종교 전문가에 주목하다 보니 무당의 존재를 너무 확대해석하여 무속신앙을 한국의 대표적인 토착신앙으로 오해한 것이다.

4. 혁거세의 죽음

혁거세의 신성성은 그의 죽음에서도 엿볼 수가 있다. 그는 죽어서 하늘로 다시 올라갔으며, 7일 후에 유체가 땅에 떨어졌고 왕비도 사망하였다. 이와 같이 그의 죽음 또한 보통 사람과 다른 신이함을 보이고 있다. 5체를 각각 장례를 지내어 오릉으로 하였는데 그 이름을 사릉蛇陵이라 하는 데서도 뱀과의 관련이 나타나 있다. 이집트에서도 장례에 뱀과 관련되는 것이 많은데 이는 재생과 부활을 의미한다고 한다. 뱀은 껍질을 벗고, 다시 새로운 모습으로 나타나므로 부활과 재생의 존재로 인식된 것이다.

뱀은 성경에도 나타나며, 인도와 인도네시아에서는 뱀을 숭배하고 유물에 많이 나타나고 있다. 몽골에서는 암각화에 뱀이 많이 새겨져 있는 것을 볼 수 있다. 2017년 국립중앙박물관에서 개최한 아라비아 특별전에 전시한 유물에서도 뱀과 관련된 것들이 많이 보여 인류 보편적인 현상이라고 할 수 있다. 제주도에 가면 토산리라는 곳이 있는데 이 지역에서는 지금도 뱀을 숭배하고 있다. 이 지역의 신부가 시집을 가면 뱀이 따라가므로 토산리의 신부와 결혼을 꺼린다고 하는 이야기가 전해져 오고 있다.

오릉은 박혁거세, 알영, 남해왕, 유리왕, 파사왕의 능묘로 보고 있다. 그러나 이와 비슷한 시기의 고분인 조양동, 다호리, 양동 유적은 원형봉토분이 분명하지 않다. 지금과 같은 원형봉토분은 후대에 조성한 것으로 이것은 신라 하대에 오묘제가 시행되면서 조성된 것으로 보아야 할 것이다. 김씨 왕실에서 5묘제가 시행되면서 박씨들도 5묘를 만드는데 무덤에 사당을 만들어 5묘로 한 것으로 볼 수 있다. 무덤墓과 사당廟를 혼용하는 사례는 『삼국유사』 미추왕 죽엽군조에서 미추왕릉을 '대묘大廟'라고 표현한 데서도 볼 수 있다. 고구려의 도읍인 집안에 있는 장군총을 보면 돌로 쌓은 7단의 맨 꼭대기에 구멍이 열을 지으며 뚫려 있는데 이 구멍은 기둥구멍 자리로 맨 위에 건물이 있었다는 것을 알 수 있다. 이 건물은 제사를 지내기 위한 사당

...... 경주 오릉

...... 장군총

으로 무덤의 맨 꼭대기에서 천신에게 제사를 지냈던 곳이다. 따라서 고대사회에서는 무덤을 하늘에 제사를 지내는 사당으로 인식하고 있었다는 것을 알 수 있다. 그러다 중세사회에 들어와 조상신 관념이 강화되면서 사당은 무덤 앞쪽으로 배치하여 정자각에서 무덤을 바라보며 조상에게 제사를 올리는 것으로 변화한 것이다.

시조 혁거세에 대하여 시조묘를 세워 계절마다 제사를 지냈다. 혁거세의 아들인 남해왕 3년(8) 봄에 혁거세 시조묘를 세워 1년에 네 번 제사를 지내게 하였는데 친누이인 아노로 하여금 제사를 담당하게 하였다. 이 시조묘 제사는 소지왕 대 신궁이 설치되기까지 신라의 국가제사로서 가장 중요한 제사이며, 임금의 즉위의례를 여기서 거행하였다. 또한 신궁을 시조가 탄생한 곳인 나을에 세웠으며, 신궁이 설치된 이후에도 시조묘에 대한 제사는 신라의 멸망 때까지 끊이지 않았다. 시조묘의 제사를 친누이 아노가 맡아 여성 사제의 역할이 주목되며, 이는 중국적이며 유교적인 제사가 아닌 우리의 고유한 제사로 토착신앙에 의한 제사의례라고 볼 수 있다. 이러한 전통이 화랑의 원조인 원화의 존재를 가능하게 하였을 것이다. 또한 신라에서 불교의 수용 단계에서부터 비구니들이 나타난다는 점도 종교에 있어서 여성의 역할이 중요하였다는 것을 알 수 있다.

6장
석탈해와 호공

신라 제5대 임금인 석탈해는 제4대 임금인 유리왕을 이어 즉위하였다. 그는 석씨의 시조로서 그의 탄생에 대한 이야기도 신이함을 바탕으로 한 신화로서 전하고 있다. 그의 신화는 『삼국사기』와 『삼국유사』에 실려 있다. 먼저 그의 탄생에 대한 것은 『삼국사기』 '탈해이사금조'에 기록되어 있다.

1. 탈해의 탄생신화

"탈해는 다파나국 소생이다. 그 나라는 왜국 동북쪽 1천 리에 있다. 처음에 다파나 국왕이 여인국의 왕녀를 들이어 처를 삼았는데 임신하여 7년 만에 큰 알을 낳았다. 왕은 사람이 알을 낳은 것은 상서롭지 못하다 하여 버리려고 하였다. 그녀가 참을 수 없어 알을 비단으로 싸서 보물과 함께 함에 넣어 바다에 띄워 그 가는 바에 맡겼다.”

탈해는 다파나국 소생이라 하였으나 다파나국의 위치는 왜국의 동북쪽 1천 리에 있다는 것밖에는 알 수가 없다. 다만 임신하여 7년 만에 알을 낳았다는 사실로 난생신화라는 것을 알 수 있다. 인간은 임신하여 10개월이면 출산을 하는 태생인 데 대하여, 난생을 하였다는 것은 박혁거세의 신화와 같이 그의 신성성을 엿볼 수 있다. 또한 탈해가 바다에 띄워져 온 것으로 볼 때 그는 바다와 관련된 해양세력으로 볼 수가 있다. 어떤 이들은 탈해를 북쪽에서 남하해 온 북방세력으로 보기도 하지만 무리한 해석이라 하겠다. 탈해가 처음으로 이른 곳이 금관국 해변이며, 나중에 도착하는 곳이 진한의 아진포구라고 『삼국사기』에 기록되어 있기 때문이다.

“처음에 금관국 해변에 이르니 금관국인들이 괴이히 여겨 취하지 아니하였다. 다시 진한 아진포구에 이르렀는데 이때가 시조 혁거세 재위 39년이다. 이때 해변의 노모가 끈으로 당겨 해안에 매고 함을 열어 보니 한 어린아이가 있었다. 노모가 데려다 길렀는데 자라서 신장이 9척이나 되었고, 풍채가 신이하고 빼어났으

며 아는 바가 보통 사람을 능가하였다. 혹자가 이르기를 이 아이
는 성씨를 모르므로 처음에 함이 왔을 때 까치 한 마리가 날아 울
며 따라왔으므로 작鵲자를 생략하여 석을 씨로 삼고, 또 넣어져
있던 함을 풀고 나왔으므로 그 이름을 탈해라고 하였다.”

탈해가 처음에 금관국에 도착하였을 때 금관국 사람들이 괴이하
게 여겨 이를 취하지 않았다고 서술되어 있다. 한편『삼국유사』‘탈
해왕조’에는 수로왕이 신민들과 더불어 북을 치며 맞이하여 머무르
게 하려고 하였으나 나는 듯이 달려 계림 동쪽 하서지촌 아진포에
이르렀다고 기록되어 있다. 그러나『삼국유사』가락국기조에는 탈
해가 김수로왕과 둔갑술을 가지고 겨루게 되자 도망한 것으로 되어
있다. ‘가락국기조’의 기사는 가락국의 입장에서 서술된 것이고,『삼
국사기』‘탈해이사금갑조’와『삼국유사』‘탈해왕조’는 신라의 입장에
서 서술한 것이므로 관점의 차이를 보이고 있는 것이다.

2. 아진의선과 까치

여하튼 탈해는 금관국과는 인연이 닿지 않아 신라의 아진포구에
다다랐는데 아진포는 현재 경상북도 경주시 양남면 나아리에 있다.
경주석씨 세보에는「시조왕탄강유허비각도」가 있는데 거기에는 비
각이 양남면 나아리에 있다고 명기되어 있다. 지금도 나아리 해수욕

장 주변에 있는 월성원자력발전소 주변에 유허비가 남아 있으며, 비각도 남아 있다. 지금은 바로 그 옆에 운동 경기장이 들어서 있다. 한편 이 노모는『삼국유사』'탈해왕조'에는 노구老嫗로 기록되어 있는데 이는 무당과 같은 종교전문가로서 새 생명을 돌보아 주는 삼신할머니와 같은 존재라고 하겠다. 이는 알영을 데려다 기른 노구와 같은 존재로서 왕실의 여러 가지 문제에 관하여 어려운 문제를 해결하는 해결사라고 하겠다. 탈해의 신이함은 체구와 지식에서 보통 사람을 능가하는 데서도 알 수 있다. 탈해의 등장을 알리는 메신저로서 까치의 존재를 유념할 필요가 있다. 까치가 울며 날아와서 노모가 탈해가 온 것을 알았으며, 끈을 당겨 잡아매고 함을 열어 사내아이를 얻을 수 있었다.

고성 동외리 패총에서는 제1단 제사유구에서 큰 새 2마리를 중심으로 모두 42마리의 새가 새겨져 있는 새 모양 무늬 청동기가 발견되었다. 새는 고대사회에 있어서 하늘과 땅을 오가는 메신저 역할을 하였기 때문에 숭배의 대상이 되기도 한 것이다. 이러한 까치의 존재는 혁거세의 등장을 알리는

…… 석탈해 탄강유허비

동물의 알람 소리와 같은 효과라
고 하겠다. 이와 같이 신이한 존
재의 등장에는 그것을 알리는 동
물의 알람 소리가 있다는 것을
'박혁거세 신화'와 '김알지 신화'
에서도 볼 수 있다. 돈황에 있는
막고굴 '유마경변상도'를 보면
새 깃을 꼽은 조우관을 쓰고 있
는 사신이 보이고, 우즈베키스탄
아프라시압 궁전 벽화에도 조우

…… 고성 동외동 조문청동기

관을 쓴 고구려 사신 2명이 그려져 있는 것을 볼 수 있다. 이것은 고
구려를 비롯한 3국이 새를 숭배하여 조우관을 썼다는 것을 알 수 있
다. 이와 같이 까치의 존재는 혁거세의 등장을 알리는 말 우는 소리
나, 김알지의 등장을 알리는 닭 우는 소리와 같은 알람 효과라 하겠
다. 신이한 인물의 등장에는 그것을 알리는 동물의 알람과 같은 소
리가 있다는 것이 공통점이라 하겠다.

　탈해는 고기잡이를 생업으로 하여 노모를 봉양하였다.

　　"탈해는 처음에 고기잡이를 생업으로 하여 노모를 봉양하였는데
　　게으른 표정이 일찍이 없었다. 노모가 이르기를 너는 비상한 사
　　람으로 골상이 뛰고 겸하여 지리를 익혔다. 양산 아래를 바라보
　　니 호공 댁이 길지이므로 거짓 꾀를 내어 취하고 거기에 머물렀

다. 그 땅이 뒤에 월성이 되었다."

탈해가 고기잡이를 생업으로 하
여 노모를 봉양하였다는 것을 볼 때
매우 사실적이다. 또한 학문과 지
리를 익혀 자기의 노력을 통하여 자
기의 실력을 과시하는 것을 볼 수
있다. 물론 탄생의 신이함과 골상
이 비상한 점 등은 신화적 요소를
지니고 있지만 그의 노력은 매우 인
간적이다. 친어머니의 존재가 기록
되어 있고 양어머니의 이름까지 기
록되어 있다는 점도 인간적 묘사라

······ 아프라시압 벽화 조우관 인물도

고 하겠다. 따라서 신화적 요소와 역
사적 요소가 융합되어 있는 것을 알 수 있다.

3. 호공과 동악신

탈해가 거짓 꾀를 내어 호공의 집을 취하는 대목 역시 매우 사실
적으로 보인다. 이에 대한 내용은 『삼국유사』 '탈해왕조'에 보인다.

"말을 마치자 어린아이가 지팡이를 끌고 노비 둘을 데리고 토함산에 올라 돌무더기를 쌓고 7일간 머물렀다. 성 중에 살 만한 곳을 바라보니 한 봉우리가 초승달 같은 형세로 오래 살 만한 곳이므로 내려와 찾아보니 호공 댁이었다. 이에 거짓 꾀를 내어 숫돌과 숯을 몰래 그 옆에 묻었다. 다음 날 아침 문에 이르러 이르기를 이는 우리 할아버지 대의 집이라 말하니 호공이 아니라고 하므로 다툼이 해결되지 않아 관가에 고하였다. 관에서 이르기를 어떤 근거로 이 집이 너희 집이라 하느냐고 물으니 어린아이가 이르기를 나는 본디 야장으로 잠시 가까운 마을에 나갔었는데 다른 사람이 취하여 살고 있으니 땅을 파서 조사해 보기를 청하였다. 그대로 하였더니 과연 숫돌과 숯이 나왔으므로 이에 그 집을 취하여 살게 하였다."

『삼국유사』 '탈해왕조'에는 탈해가 아진포구에 도착하자마자 토함산에 오른 것으로 되어 있다. 토함산은 탈해와 매우 관련이 있는 곳으로 나중에 그는 토함산의 산신이 되어 동악신으로 국가제사의 중사中祀에 편제되었다. 석총을 쌓고 7일간 머무른 것은 새로운 계획을 세우고 실천하기 위한 수행행위라고 볼 수 있는데 여기서 숫자 7에 주목할 필요가 있다. 탈해의 어미가 임신한 후 7년 만에 알을 낳았으며, 석총에서 7일간 머물렀다. 환웅신화에서는 삼칠일을 금기하여 곰이 사람이 되었다고 기록되어 있으며, 민속에서 아이를 낳고 삼칠일을 금기하고 있다.

그의 눈에 들어온 집은 양산 아래 나중에 월성이 된 호공의 집이었다. 탈해는 이미 풍수지리에 능숙한 전문가가 되어 있었다. 또한 여기서 주목해야 할 것은 그가 본디 야장(대장장이)이라는 점과 숫돌과 숯을 이용하였다는 점이다. 시베리아 샤머니즘에서는 샤먼이 야장의 기능을 겸하고 있다. 그리고 야장에게 가장 중요한 도구가 숯과 숫돌이라는 점이다. 이 점을 가지고 탈해를 북방세력으로 이해하는 견해가 있다. 그러나 이것은 실제로 그렇다는 것이 아니라, 탈해의 가짜 꾀라는 것을 잊어서는 안 되는 것이다. 요즈음 표현으로 하면 가짜 뉴스에 해당하는 것으로 가짜 뉴스를 믿고 그것을 해석해서는 안 되는 것이다.

> "남해왕 5년에 이르러 그 현명함을 듣고 그 딸로서 처를 삼게 하고 7년에 이르러 대보로 등용하여 정사를 맡겼다. 유리왕이 죽으면서 이르기를 선왕의 고명에 내가 죽은 후 아들과 사위를 막론하고 나이가 많고 현명한 자로서 왕위를 잇게 하라 하여 과인이 먼저 왕위에 올랐으니 지금은 마땅히 왕위를 전하노라 하였다."

남해왕이 탈해를 사위로 삼고 대보로 등용하여 중책을 맡겼으며 마침내는 왕위에 오르게 하였다. 탈해는 현명하므로 중책을 맡고 왕의 사위로서 왕위에까지 이르게 된 것이다. 탈해의 신성성은 요내정의 고사에서도 엿볼 수 있다. 탈해가 죽은 후 소천구에 장례를 지냈는데 신탁으로 뼈를 묻으라 하여 다시 장례를 지낸 것으로 『삼국유

...... 경주 전 탈해왕릉

...... 월성 항공사진 출처: 경주시

사』'탈해왕조'에 기록되어 있다.

> "건초 4년(79) 기묘에 붕어하자 소천구 중에 장례를 지냈는데 신
> 조가 있기를 조심해서 내 뼈를 매장하라 하였다. 그 해골의 둘레
> 가 3척 2촌이며 신골의 길이가 9척 7촌이고 이빨은 엉겨 하나가
> 된 듯하고 골절은 모두 연결되어 소위 천하무적 역사의 뼈였다.
> 이것을 빻아서 궐내에 안치하니 또 다시 신조로서 나의 뼈를 동
> 악에 안치하라 하므로 동악에 안치하였다."

탈해의 뼈는 그의 골상답게 크고 신이하였으며, 또한 신탁으로
안치하게 되었는데 여기에 토함산인 동악과의 관계가 긴밀하게 나

타나 있다. 주석에는 붕어한 후 27대 문무왕 2년(662) 3월 15일 밤에 태종의 꿈에 노인의 모습으로 나타나 토함산에 소상塑像을 만들라 하므로 왕이 그 말을 따랐다. 그리하여 국가제사가 끊이지 않았는데 이를 동악신이라 하였다고 기록되어 있다. 지금도 민속에서 가장 큰 산신제를 음력 3월 15일 지내는데 일종의 개산제라고 할 수 있다. 요즈음 북한산의 산신제가 대부분 3월 15일에 이루어지는데 봄을 맞이하여 산에 처음으로 올라오며 행하는 개산제일 것으로 볼 수 있다. 우리가 설날이나 추석에 성묘를 할 때 조상에게 제물을 올리기 전에 산신에게 먼저 제물을 올리는 것도 산신에게 먼저 의례를 올려야 하는 전통이다. 탈해는 토함산에 올라 양산을 바라보고, 호공의 집을 취하였으며, 요내정에서 백의의 충성을 시험하였고, 문무왕 대부터는 동악신으로서 국가제사의 대상이 되어 고려시대까지도 끊이지 않았다. 여기서 물을 길러 갔다가 먼저 물을 마시고 물잔이 입에서 떨어지지 않아 곤혹을 치른 백의는 흰 옷을 입었으므로 일반 백성을 의미한다고 할 수 있다. 귀족이나 관료는 그 신분에 따라 색깔을 달리하는 옷을 입었으며, 백성들은 아무런 색깔이 없는 흰 옷을 입었기 때문이다.

호공은 삼성의 시조 모두와 관련성을 가지고 있다. 호공과 박씨의 시조 박혁거세의 관계는 신하로서 정치적 역할, 특히 외교 담당자로서의 역할을 하였다. 호공은 바가지와 같은 호瓠를 가져 박씨와의 관련성을 보이면서 '공公'으로 표현되었다는 점을 생각해 보면 그는 정치적으로 박씨에 가까운 세력으로 신하인 동시에 협력자로서 인식되었다고 볼 수 있다. 탈해와 관계에서는 탈해가 지략에서 호공보다 우수하다는 점을 통해서 정치적 능력이 우수하다는 것을 돋보이게 하였다. 즉 탈해는 왕위에 오를 만한 지략을 가지고 있었다는 것을 간접적으로 증명시켜 준 것이라 하겠다. 또한 호공이 살고 있던 땅을 탈해가 빼앗아 나중에 신라의 궁궐인 월성으로 변하게 되었다는 것은 탈해의 정당성을 더욱 뒷받침해 주고 있다고 볼 수 있는 것이다. 호공은 실제로 왜인세력과 아무런 관계를 갖지 않으면서도 신라에서는 왜의 상징으로 표현되었다. 호공은 신라 삼성의 시조를 모두 받든 것으로 되어 있는데 이는 왜와 관련된 그가 신라국왕을 모셨다는 것을 통하여 신라국의 우월성을 주변국가에 표출시키고자 하였다고 볼 수 있다.

4. 천강신화와 난생신화

종래 한국 고대의 건국신화와 시조신화에 대한 연구는 대개 천강신화와 난생신화의 이분법적 인식에서 진행되었다. 천강신화는 북방신화이며 난생신화는 남방문화라는 틀 속에서 연구가 이루어졌던 것이다. 그러나 신화의 내용을 선입관을 갖지 않고 자세히 살펴보면 천강신화와 난생신화가 결합되어 있는 것을 알 수 있다. 그리고 여태까지는 여러 신화의 공통점만을 중요시하는 관점에서 연구가 진행되었기 때문에 각 신화가 지니는 역사적 성격이 부각되지 못하였다. 각 신화는 공통적인 요소도 있지만 독자적인 점들도 많으며, 그 것은 바로 신화가 지니고 잇는 독특한 성격과 역사적 과정의 단면을 보이고 있는 것이다.

'박혁거세 신화'는 천강신화와 난생신화가 결합되어 있으며 그 신이한 등장을 말이 알려 주고 있다. 또한 혁거세의 신이성은 알영의 신이한 탄생과 신성혼이 더욱 보강해 주고 있는 것이 특징이다. 알영의 탄생은 용과 우물과 관련되어 있는데 이것은 물과 관련 있음을 의미하며, 결국 농경과 깊은 관련을 보이고 있는 것이다. 혁거세의 신성성은 그의 죽음에서도 나타나는데 하늘로 승천하였다가 다시 오체로 땅에 떨어져 오릉으로 되었다는 것이다. 혁거세는 사후 다음 왕인 남해왕대에 시조묘가 설치되어 신라가 멸망할 때까지 숭배되었다.

석탈해 신화는 해양세력과 관련이 있으며 난생신화라고 할 수 있다. 혁거세 신화에서는 알을 갈라 사내아이를 얻었는데 석탈해 신화에서는 처음에 보냈을 때는 알이었으나 해변에서 아진의선이 발견하였을 때는 사내아이가 되어 있었다. 탈해는 바다를 표류하면서 알에서 태로 변화한 것이다. 탈해를 북방세력으로 이해하기도 하지만 탈해가 야장이라고 한 것은 거짓 꾀였다는 것을 잊어서는 안 되며, 탈해의 활동영역을 보면 동해안을 중심으로 움직이고 있다는 것을 알 수 있다. 따라서 그는 사후에 토함산의 산신이 되어 동악신으로 숭배되며 중사로서 국가제사가 고려시대까지 이루어졌다. 한편 석탈해가 남해왕의 사위가 되어 그가 왕위에 오르게 되었다는 것이다. '석탈해 신화'는 '박혁거세 신화'나 '동명왕 신화' 및 '김수로 신화'와 같이 건국신화가 아니라 석씨의 시조신화라고 할 수 있다. 다른 신화는 천신이나 산신과 관련이 있거나 알에서 태어난 난생신화인데 반하여 탈해는 바다와 관련을 맺고 있는 것이 특징이라고 하겠다. 용성국 또는 용왕이라는 표현과 배를 타고 왔다는 점에서 해양 세력으로 볼 수 있는 것이다.

7장
.....
김알지와 미추왕

　탈해왕 9년 3월에 왕이 밤에 금성의 서쪽 시림 나무 사이에서 닭이 우는 소리를 들었다. 여기서도 박혁거세 신화와 마찬가지로 신화의 현장은 숲이다. 또한 알지의 탄생을 알리는 데 닭 우는 소리가 난 것은 혁거세의 탄생을 알린 말 우는 소리와 서사 구조가 같다. 금색의 조그마한 함이 나뭇가지에 걸려 있다고 한 것은 신이 나뭇가지를 통해 내려왔다는 것을 의미하는 것이다. 환인이 하늘에서 지상으로 내려올 때 태백산의 신단수를 통해 내려왔으며, 산신제의 경우도 산신이 나무를 통해 내려오므로 가장 먼저 신수神樹에 제사를 지낸다. 강릉 단오제의 경우도 대관령 산신에게 먼저 가장 제사를 지내고 산신을 상징하는 나뭇가지를 모셔 온 다음 단오제를 지내는 것이다.

무당들이 굿을 할 때 신이 대나무가지를 통해 내려온다는 믿음에서 대잡기를 활용하는 것이다. 긴 장대나무 위에 새를 조각한 솟대도 하늘과 땅을 연결시키는 의미를 갖고 있다. 한편 크리스마스 때 산타클로스는 굴뚝을 통해 내려오는 것으로 알고 있지만 사실은 나무를 통해 내려오므로 크리스마스 트리를 준비해 놓는 것이다. 그리스나 로마의 오벨리스크도 사실은 하늘과 땅을 연결하는 구조물로 그 전통은 나무를 통해 내려오는 데서 기원한 것이다. 이와 같이 나무를 통하여 천신적 존재가 땅으로 하강하는 모습은 프레이저의 『황금가지』를 보면 세계 보편적인 현상으로 보인다.

금으로 된 금함은 매우 귀중하다는 것을 말하며, 함 안에 사내아이가 있었다는 것은 난생이 아니라 태생이라는 것을 알 수 있다. 다만 금함 안에 있다는 것은 그 신성성을 나타내려 한 것이다. 이러한 내용은 난생신화보다 인간적이며 사실적이다. 그렇기 때문에 알지라고 하였는데 '알지'는 '아기'라는 뜻이다. 이것을 일본인 학자들이 난생으로 파악하여 알지를 알로 해석한 것은 난생신화를 강조하기 위해 선입관이 작용한 역사왜곡이라고 하겠다. 조선시대 왕자나 공주의 태지석胎誌石을 보면 '아기'를 '아지阿只'라고 표기하고 있다.

1. 김알지의 탄생신화

『삼국유사』 '김알지 탈해왕조'에는 보다 자세한 내용이 기록되어 있다.

"영평 3년 경신(60) 8월 4일에 호공이 밤에 월성 서쪽 마을로 가고 있는데, 시림 속에서 커다란 광명을 보았다. 보라색 구름이 하늘에서 땅으로 드리워졌으며, 구름 속에는 금함이 있어 나뭇가지에 걸려 있었다. 빛은 금함에서부터 나왔으며 또한 흰 닭이 나무 아래에서 울고 있었다. 상황을 왕에게 알리니 왕이 그 숲에 행차하였다. 금함을 열자 사내아이가 있었는데, 누워 있다가 곧 일어서니 혁거세의 옛 일과 같았으므로 그 말로 인하여 알지라고 불렀다. 알지란 곧 우리말로 어린아이의 호칭이다. 품에 안고 수레에 태워 궁궐로 돌아가는데, 새와 짐승들이 함께 따라와 기뻐서 날뛰며 춤을 추었다. 왕은 좋은 날을 골라서 태자로 삼게 하였는데, 후에 파사에게 양보하여 왕위에 오르지 않았다. 금함에서 나왔기 때문에 이내 성을 김으로 하였다."

위와 같이『삼국유사』의 기록은『삼국사기』의 기록과 다른 점이 여러 가지가 있다. 먼저 연대가 다른데『삼국사기』에는 탈해왕 9년(65)으로 기록되어 있으나『삼국유사』에는 탈해왕 4년(60)으로 기록되어 있다. 또한 여기서는 왕이 먼저 들은 것이 아니라 호공이 월성 서쪽을 지나다가 먼저 보고 왕에게 상황을 보고한 것으로 되어 있다. 그리고 왕이 직접 행차하여 궤를 열고 사내아이를 얻어 대궐로 돌아온 것으로 되어 있다. 또한 새와 짐승들이 기뻐 날뛰고 좋아하는 모습

은 축제를 연상하게 한다. 또한 택일하
여 태자로 책봉한 사실과 왕위를 파사왕
에게 양보한 사실까지 전하고 있다.

김알지의 탄생신화를 천강신화와 난
생신화의 이분법적인 인식론의 입장에
서 해석이 이루어졌다. 그러나 알지는
금함에서 나왔기 때문에 엄밀히 말해 알
에서 태어났다고 할 수 없다. 알지 신화
의 중요한 의미는 발달한 철기와 제련기
술이라고 할 수 있다. 금으로 만든 궤짝
은 매우 귀중하므로 금함 안에 아이가
있었다는 것으로 그가 귀하고 신성하다
는 것을 강조하려 한 것이다.

…… 경주 계림

그리고 그 이후의 가계를 서술하고 미추왕이 왕위에 오른 사실
까지 기록함으로써 김씨가 왕위에 올랐다는 점을 은연중 강조하고
있다.

> "알지는 열한을 낳았고, 열한은 아도를 낳았고, 아도는 수류를 낳
> 았고, 수류는 욱부를 낳았고, 욱부는 구도를 낳았고, 구도는 미추
> 를 낳았다. 미추가 왕위에 올랐으나 신라의 김씨는 알지로부터
> 시작되었다."

여기서는 알지로부터 가계를 서술하고 있는데 이와 달리 「문무
왕릉비문」을 비롯한 금석문 자료에는 김씨 왕실의 시조는 성한이라
고 기록되어 있어서 이를 알지로 보기도 하고 미추로 보기도 한다.
김씨의 가계에서 역사적 인물로 나타나는 인물은 구도로서 그는 제
8대 아달라이사금 때부터 제9대 벌휴이사금 때까지 활약한 인물이
며, 미추왕 2년에 갈문왕으로 추봉되었다. 갈문왕의 존재에 대해서
는 여러 연구가 있지만 왕이나 왕비의 아버지, 또는 왕이 되었어야
하는데 왕이 되지 못한 존재에 대해 임명한 것으로 보고 있다. 그러
나 왜 파사왕에게 양보하였는지, 미추왕 이전에 왕이 될 수 없었는
지에 대해서는 아무런 기록이 없다.

2. 미추왕 죽엽군

미추왕이 김씨로서 왕위에 오를 수 있었던 것은 이 시기에 김씨족
이 박씨족이나 석씨족보다 더 큰 세력을 가지고 있었기 때문이라고
하겠다. 또한 미추왕이 조분왕의 사위로서 왕위를 계승할 수 있었던
것이다. 미추왕은 김씨 왕실의 시작으로서 내물왕 이후 김씨가 왕위
를 세습할 수 있는 발판을 마련하였다고 할 수 있다. 미추왕에 대해
서는 『삼국유사』 '미추왕 죽엽군조'에 실려 있다.

　　"제13대 미추이사금은 김알지의 7대손으로 누대에 높은 귀족으

······ 미추왕릉

로서 성스러운 덕이 있었다. 이해 이사금으로부터 왕위를 물려
받아 비로소 즉위하였다. (지금 세간에서 왕의 능을 시조당이라고 하
는 것은 아마 김씨로서 처음 왕위에 올랐기 때문이다. 후대의 모든 김
씨 왕들이 미추를 시조로 삼는 것은 당연하다.) 재위 23년 만에 죽었
는데 능은 흥륜사 동쪽에 있다. 제14대 유리왕 때 이서국 사람들
이 금성을 공격해 왔다. 우리는 크게 군사를 동원하여 막았으나
오랫동안 저항할 수 없었다. 갑자기 이상한 군인들이 와서 도와
주었는데, 모두 대나무 잎을 귀에 꽂고 있었다. 우리 군사와 힘을
합쳐 적군을 격파했으나, 적군이 물러간 후에는 어디로 갔는지
알 수 없었다. 다만 대나무 잎이 미추왕릉 앞에 쌓여 있는 것을
보고, 비로소 선왕의 음덕의 공로인 것을 알았다. 이로 인하여 그
능을 죽현릉이라고 불렀다."

여기서 일연은 미추왕이 처음으로 왕위에 올랐기 때문에 후대에
모든 왕들이 미추를 시조로 삼았는데 이를 당연한 것으로 해석하고
있다. 김씨의 시조는 김알지이지만 왕위에 차음으로 오른 것은 미추
왕이므로 후대의 왕들이 미추왕을 김씨 왕실의 시조로 보고 있는 것
이다.

미추왕은 신라의 제13대 임금으로 왕비는 조분왕의 딸인 광명랑
으로 결국 미추왕을 둘러싸고 박·석·김의 세 세력이 혼인을 통해
연결되고 있다. 즉 미추왕 자신은 김씨였고, 그의 어머니는 이비갈
문왕의 딸로 박씨였으며, 그의 왕비는 조분왕의 딸로 석씨였다. 미
추왕은 이와 같이 3씨족의 혼인동맹을 바탕으로 조분왕의 사위라는
자격으로 왕위에 오른 것이다.

3. 신라 신화의 특징

위에서 보았듯이 신라 신화의 내용을 선입관을 갖지 않고 자세
히 살펴보면 천강신화와 난생신화가 융합되어 있는 것을 알 수 있
다. 그리고 여태까지는 여러 신화의 공통점만을 중요시하는 관점에
서 연구가 진행되었기 때문에 각 신화가 지니는 역사적 성격이 부각
되지 못하였다. 각 신화는 공통적인 요소도 있지만 독자적인 점들도
많으며, 그것은 바로 신화가 지니고 있는 독특한 성격과 역사적 과
정의 단면을 보이고 있는 것이다. 혁거세는 사후 다음 왕인 남해왕

대에 시조묘가 설치되어 신라가 멸망할 때까지 숭배되었다. 시조묘 제사는 고대 국가 형성의 가장 중요한 징표의 하나이며, 『삼국지』한 전에 보이는 대국에서만 볼 수 있는 것이다. 소국에서의 천신에 대한 제사가 마침내 대국에서는 하늘의 자손에 대한 제사로서 발전한 양상이라고 하겠다. 여기에 시조묘 제사가 지니는 정치사적 의미가 있는 것이다.

'김알지 신화'는 천강신화와 난생신화가 복합된 것으로 이해하였으나 그는 분명히 태생이다. 그가 금함에서 나왔다고 되어 있을 뿐, 알에서 나왔다는 기록이 없는데 선입관을 가지고 잘못 해석한 것이다. 알지의 신화는 난생신화가 아니라 매우 인간적이며 사실적이다. 석탈해의 신화와 마찬가지로 호공이 나타나고 있는데 이는 정치세력과의 관련성을 의미하는 것이라 할 수 있다. 김알지의 탄생에서 주요한 점은 금함에서 태어났다는 점이다. 따라서 김알지 탄생의 중요한 의미는 발달한 철기와 제련기술이라고 할 수 있다. 김알지 신화의 사실성은 김씨의 가계가 나타나 있는 것으로 알 수 있으며, 이는 신화로서는 후대적 표현이라고 할 수 있다.

'박혁거세 신화', '석탈해 신화', '김알지 신화' 등은 각기 시대적 특징을 보여 주고 있다. '박혁거세 신화'는 농경생활, '석탈해 신화'는 해양활동, '김알지 신화'는 발달한 제철기술을 반영하고 있으며, 각 신화는 시기적 발전 과정을 보여 주고 있다. 이러한 여러 계통의 신화가 나타난 것은 고구려나 백제에서는 볼 수 없으므로 신라신화의 특징이라고 할 수 있다. 이는 신라문화의 복합성과 중층성을 보여 주는 것이며, 이를 통해 신라문화의 다양성과 융합성을 확인할 수 있는 것이다. 이러한 융합적 전통은 결국 신라의 화랑도로 이어져서 유교와 불교 및 선도를 아우르게 되는 것이다.

최치원 선생이 지은 「난랑비」의 서문을 보면 화랑도는 유·불·선을 융화하는 것으로 설명되어 있다. 집에서는 부모에게 효도하고 나라를 위해서는 충성을 다하는 것은 공자의 가르침을 따르는 것이고, 여러 가지 업을 짓지 않는 것은 부처님의 가르침을 따르는 것이며, 무위자연하는 것은 노자의 가르침을 따르는 것이라고 하였다. 화랑도는 이와 같이 유교의 충효사상과 불교의 업보설, 도교의 무위자연 사상이 복합적으로 융화되어 있는 것이다. 여기서 정치이념은 유교적이며, 종교는 불교적이고, 양생은 도교적으로 하였다는 것을 알 수 있다. 그리고 이러한 전통은 고려로 이어져 최승로의 '시무이십팔조時務二十八條'의 유교적 정치이념에 의해 정치가 이루어졌지만 종교는 불교가 성행하였으며, 도교의 초제醮祭도 계속 이루어졌다. 조선시대 숭유억불 정책에 의해 불교가 다소 주춤하기도 하였으나 조선후기에 이르기까지 정치는 유교적 정치이념에 의해 이루어졌지만 백성들은 물론 사대부들도 종교로는 불교를 많이 신봉하였으며, 도교나 토착신앙에 대한 의례도 계속 이루어졌다. 이는 한국문화가 매우 복합적이며, 융합적이라는 것을 알 수 있으며, 이는 신라신화의 복합성에서 비롯되었다고 할 수 있다.

4. 신화의 중층성과 종교의 복합성

영주에 있는 소수서원에 가면 입구에 숙수사지 당간지주가 서 있는 것을 볼 수 있다. 숙수사는 신라시대 창건되었는데 당간지주는 고려시기에 세워졌다. 이를 통해 적어도 고려시대까지 이곳에 숙수사가 존속한 것을 알 수 있으며, 이곳에 바로 소수서원이 들어섰다는 것을 알 수가 있다. 조선시대 숭유억불정책에 의해 숙수사는 폐사되고, 그곳에 소수서원이 들어섰지만 당간지주를 남겨 놓은 것은 우리 문화의 융합성을 엿볼 수 있게 하는 것이다. 또한 소수서원의 배치를 보면 절이 있었던 가람배치를 활용하여 마치 절에 온 것 같은 느낌을 주고 있다. 유교와 불교가 융화하는 유·불 융화의 좋은 사례라고 할 수 있다.

지금도 한국 종교와 신앙의 공존와 상생의 예를 직접 눈으로 확인할 수 있는 지역이 있으니 바로 경남 진주시의 옥봉동이다. 옥봉동에는 옥봉이라는 봉우리가 있는데, 이곳에는 그야말로 우리나라의 종교 시설이 다 모여 있다. 옥봉에는 옥봉동 당산과 함께 무당집들이 있으며, 사찰, 향교, 성당, 교회, 그리고 신흥종교 교당까지 들어서 있다. 즉 토착신앙부터 외래에서 전래된 다양한 신앙과 종교가 함께 공존하는 종교백화점 같은 모습을 보여 주고 있는 것이다. 옥봉이라는 봉우리 아래 대나무 깃발을 세워 둔 집이 70여 곳인데 무당집들이다. 흔히들 무속신앙이 한국의 토착신앙으로 알고 있으나, 사실 한국의 토착신앙은 천신을 숭배하는 천신신앙이나 산신을 모

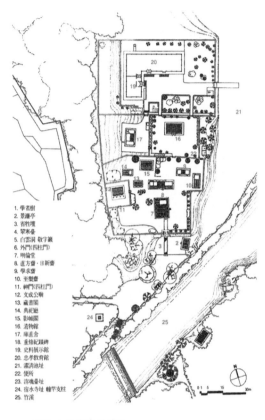

1. 學名樹
2. 景濂亭
3. 省牲壇
4. 菁莪墨
5. 白雲洞 敬字巖
6. 外門(四柱門)
7. 明倫堂
8. 直方齋·日新齋
9. 學求齋
10. 至樂齋
11. 神門(四柱門)
12. 文成公廟
13. 藏書閣
14. 典祀廳
15. 影幀閣
16. 遺物館
17. 庫直舍
18. 重修紀蹟碑
19. 史料展示館
20. 忠孝教育館
21. 濯淸池址
22. 便所
23. 滌魂臺址
24. 宿水寺址 幢竿支柱
25. 竹溪

…… 영주 소수서원 배치도

시는 산신신앙 등이다. 샤머니즘은 청동기시대에 시베리아에서 시작되어 부리야트와 야쿠트 및 몽골을 거쳐 한반도로 전래된 것이다. 시베리아 지역에는 각 나라에 샤먼이 10여 명 정도밖에 남아 있지 않은 데 비하여 대한경신연합회에 등록된 무당이 30만 명이 넘으며 그 절반 이상이 실제로 활동을 하고 있다. 무업巫業으로 먹고 사는 무당인 정규직 무당이 10만 명, 생업이 있고 아르바이트로 무당 일을 하는 비정규직 무당이 10만 명이나 된다.

무당집을 돌아 위로 올라가 보면 사찰이 세 곳이나 있다. 불교가 인도에서 시작되었지만 8대 성지는 유적으로만 남아 있을 뿐 인도에서는 힌두교 신자가 전체 인구의 85%를 차지하고 있다. 정작 불교 신자는 1%를 조금 넘을 정도이다. 불교가 중국을 통해 우리나라에 전래되었고, 중국에는 절도 있고 승려들도 있지만 법맥은 단절되었

...... 진주 옥봉

다고 할 수 있다. 북방불교의 법맥은 불교 신자 1000만, 승려 2만 명을 갖고 있는 대한민국이 잇고 있는 것이다.

옥봉 건너편에 향교건물이 나타나는데 유교의 교육공간이 남아 있는 것이다. 유교는 중국에서 시작되었지만 문화대혁명을 겪으며 비림비공批林批孔 운동으로 유교와 관련된 유적들이 거의 파괴되었다고 한다. 그러나 한국에는 서원과 향교가 남아 있으며, 각종 제향과 교육활동이 이루어지고 있다. 자기의 종교가 유교라고 말하는 사람은 별로 없지만 한국인의 정신세계에 가장 영향을 미치고 있는 것은 유교라고 할 수 있다. 유교가 생활화되어 종교라고 인식하지 않고 있을 뿐이다.

더 위로 올라가면 서양의 종교인 천주교의 옥봉성당이 있으며, 침례교, 감리교, 장로교의 개신교 교회가 세 곳이나 있다. 아래쪽으로는 한국의 신흥종교의 하나인 도덕협회 일관도 중앙본부와 일본의 신흥종교인 천리교의 중앙본부가 자리하고 있다.

한국은 종교의 자유가 있는 민주주의 국가이므로 불교와 천주교, 개신교, 그리고 유교와 민족종교를 포함한 어떠한 종교라도 자유롭게 믿을 수 있고, 실제로 사람들도 그렇게 살고 있는 대표적인 다종교 국가이다. 여기에 종교로 이름 붙이기는 어렵지만, 샤머니즘을 바탕으로 한 무속신앙도 믿음의 한 축을 담당한다. 그런데 잘 살펴보면, 불교나 유교는 외래에서 들어온 종교나 사상이지만 그들 나라보다 우리나라에서 더욱 잘 계승되어 왔고, 천주교나 기독교 또한 서양의 종교지만 우리나라도 그에 뒤지지 않을 만큼 교세가 대단하다.

불교는 분명 인도에서 시작해 중국을 통해 들어온 외래 종교지만, 현재 불교의 법맥이 가장 잘 계승되고 유지되고 있는 나라는 인도나 중국이 아닌 한국이라고 평가할 수 있다. 인도의 불교는 유적으로밖에 남아 있지 않으며, 중국에는 절이나 승려가 있긴 하지만 제대로 된 법맥은 계승되지 못하고 있다.

일본 또한 신도神道의 영향으로 불교와 신·불습합이 이루어졌지만 불교의 영향력은 제한적이며, 기독교 신자는 1%밖에 되지 않는다. 그렇지만 우리나라에서는 조계종, 태고종 같은 불교의 여러 종파들이 다양하게 이어져 왔고, 각계 종단에서 승려들이 지속적으로 배출되고 있으며, 신도 수는 1000만 명이 넘는다.

유교의 경우도 마찬가지여서, 중국이 유교의 종주국이지만 문화대혁명 때 유교적인 맥이 모두 끊겼다고 할 수 있다. 우리나라에서는, 비록 조선시대에 비해 그 영향력이 현저히 줄어들었다고 할지라도, 여전히 조상님께 제사를 올리고 설과 추석 명절에 차례를 지내는 것을 중요하게 생각하고 있다. 또한 성균관과 전국 각지의 향교에서는 매년 석전대제釋奠大祭 즉 공자를 비롯한 선현先賢들에게 제사를 지내는 의식을 거행하는데, 그 절차 역시 중국에서는 사라졌지만 한국에서는 그대로 유지되고 있다. 2012년 석전대제에서 필자가 초헌관을 맡았을 때 공자의 종손이 와서 만났는데 우리의 석전대제를 동영상 촬영하고, 그것을 참고하여 다음해부터 중국에서 석전대제를 지내고 있다. 유교의 종주국에서는 없어지고, 한국에 원형이 남아 있어 그것을 참고한 것이다.

옥봉에서 암각화를 조사하러 갔다가 각종의 종교 시설을 보고 사진을 촬영하느라 점심식사를 못하고 내려오는데 방앗간이 있어서 떡을 먹으러 들어갔다. 마침 시루떡을 만들고 있었는데 '시루떡'의 모습을 보며, 한국의 종교가 마치 시루떡 같다는 생각을 하였다. 옥봉에 무속신앙, 불교, 유교, 천주교, 개신교, 신흥종교가

······ 성균관 석전대제

…… 조각보 보자기

아래로부터 켜를 이루며 차곡차곡 쌓여 있는 모습이 마치 시루떡의 켜를 이루고 있는 모습과 같았고, 한국문화의 특징이 종교적 중층성이라는 것을 깨닫게 되었다. 따라서 한국문화의 특징을 중층성으로 개념화할 수 있겠다.

옥봉의 예에서 볼 수 있듯이 한국은 세계의 중요한 종교와 신앙의 원형이 남아 있는 중층적 민속환경을 보존하고 있는 보고라고 할 수 있다. 그 기원은 한국 고대의 신화에서 비롯된 것이다. 특히 신라의 건국신화와 시조신화는 중층성과 복합성을 나타내고 있으며, 화랑도의 경우 유·불·선 융화가 이루어진 것을 볼 수 있다. 이렇게 다양한 종교와 신앙이 들어와 있는데도 불구하고, 한국에서는 갈등과 대립이 전혀 없는 것은 아니지만 중동이나 아프간과 같이 종교 전쟁이 일어나지는 않는다. IS의 테러도 결국 종교 갈등에서 비롯된 것이다.

한국에서 이들 종교는 각각의 원형을 유지하면서도 서로의 영역을 인정하면서 조화롭게 공존하고 있는 것이다. 매년 부처님오신날 연등축제나 크리스마스 트리 점등식, 성균관 석전대제 같은 종교 축제가 자유롭게 펼쳐지고, 또 각 종교의 축제에 큰 거리낌 없이 다른 종교의 지도자들이 참여해 경축일을 함께 축하한다. 7대 종단의 지도자와 종교인, 그리고 일반인들이 모여서 다양한 종교 문화와 활동을 공유하는 축제인 대한민국 종교문화축제는 2017년에 22회째 개최되었다. 이처럼 다양한 종교의 존재 양태는 뛰어난 포용력과 조화로움을 보여 주고 있다.

동양과 서양 여러 나라로부터 들어온 종교와 신앙이 서로 갈등과 대립이 전혀 없는 것은 아니지만 공존하고 있어 마치 종교백화점이라고 할 만큼 복합적이며 중층적인 모습을 보이고 있는 것이 한국문화의 특징이라고 할 수 있다. 기존의 토착신앙과 여러 나라에서 전래된 외래신앙과 종교가 함께 공존하는 양상을 보이고 있는 것은 마치 조각보의 모습과 흡사하다고 할 수 있다. 조각보는 어떻게 보면 누더기 같고 질서가 없는 것 같은데 잘 보면 서로 다른 색깔과 형태가 서로 조화를 이루어 공존과 상생의 세계를 이루고 있는 것을 옥봉의 예를 통해 볼 수 있다.

8장
·····
주몽과 유화부인

고구려의 건국신화는 「광개토왕비」, 「모두루묘지」 등의 당대 금석문과 『삼국사기』, 『삼국유사』, 『동국이상국집』, 「동명왕편」 등의 국내 사서, 중국 사서인 『위서』, 『양서』, 『수서』 등에 실려 있다. 고구려의 신화는 백제나 신라에 비해 내용이 풍부하고 또 당대의 기록이 남아 있기 때문에 일찍부터 주목을 받았다. 신화에 대한 여러 계통의 기록은 주몽이 부여에서 남하하여 고구려를 건국한다는 내용의 큰 틀이 비슷하다. 그러나 주몽의 출자나 이름, 주몽의 어머니 유화부인 등에 대한 기록에 차이가 있어서 이에 대한 연구가 상당히 이루어졌다. 그리고 그동안의 연구를 통해 부여 '동명신화'와 고구려 '주몽신화'와의 관계, 주몽신화의 변개과정, 건국신화의 정립 시기, 신화에 반영된 고구려의 형성과정 등이 다양하게 논의되었다.

1. 시조신화의 전승

건국신화를 통해 시조에 대한 관념이 일원화·체계화되는 것은 고구려의 국가제사인 시조묘 제사, 천지신 제사와도 밀접한 관련이 있다. 신라나 백제와 마찬가지로 고구려도 시조묘 제사를 통해 왕권의 정당성과 왕족의 우월성을 표출하였을 것이다. 그리고 시조가 하늘의 자손임을 강조하기 위해 천지신에 대한 제사도 꾸준히 행해지고 국토의 안위와 나라의 안녕을 비는 산천 제사 역시 지속적으로 이루어졌을 것으로 추측할 수 있다. 특히 고구려에서는 토지신을 모시는 국사國社의 존재가 확인되는데 이는 건국신화에서 유화의 존재로 대표되는 지모신 신앙과 연관되어 있다.

고구려의 건국신화는 금석문과 중국사서 고구려전,『삼국사기』,『삼국유사』 등의 국내 사서 등에 전하고 있다. 이 중 「광개토왕비」와 『위서』그리고『삼국사기』의 건국신화를 서로 비교해 고구려 건국신화의 내용을 살펴보도록 하겠다.

먼저 「광개토왕비」나 「모두루묘지」의 금석문은 5세기의 자료로 고구려 당시에 형성되어 있던 건국신화와 시조 전승을 전해 주는 1차적 사료이다. 「광개토왕비」는 내용상 시조의 건국과정과 광개토왕의 생애, 광개토왕의 업적, 수묘인 연호 등 세 부분으로 나뉜다. 시

...... 광개토왕릉비 현재 모습   ...... 광개토왕릉비

조 추모왕은 북부여 출신으로 천제의 아들이면서 하백의 외손으로
되어 있다. 난생으로 날 때부터 신성성이 있었으며 남쪽으로 순행하
여 비류곡 홀본성에 이르러 새로 나라를 세웠다. 도중에 엄리대수를
건널 때는 하백의 외손임을 내세워 물(갈대와 거북이)의 도움을 받았
고, 죽은 후에도 황룡을 타고 하늘로 돌아가는 신이함을 보였다.

   전체적으로 광개토왕비문의 서술은 조상의 신이함을 부각하려는
의도로 서술되어 있다. 「모두루묘지」에도 추모왕의 출자를 하백의
외손이며 일월日月의 자손으로 원래는 북부여에서 나왔다고 기록하
고 있다. 따라서 이 전승은 5세기 당시 고구려에 일반적으로 알려져
있었으며 고구려의 왕계는 이미 추모왕을 정점으로 일원화되어 있

었음을 알 수 있다.

　다음으로 중국사서에 실려 있는 고구려의 시조 전승을 살펴보도록 하겠다. 그중 가장 최초의 기록이면서 풍부한 내용을 담고 있는 것은 북제의 문선제 때 편찬된『위서』고구려전의 기록이다. 고구려는 부여에서 갈라져 나왔는데 선조는 주몽이며, 어머니는 하백의 딸로서 햇빛이 비추어 잉태하였다. 알을 낳았는데 가축에게 주어도 먹지 않고 들판에 버려도 소나 말이 피해 다녔으며, 새가 깃털로 감싸 보호하였다. 결국 어미에게 돌려주자 어미는 알을 따뜻한 곳에 두었는데 얼마 후 사내아이가 태어났다. 아이의 이름은 주몽으로 이는 활을 잘 쏜다는 뜻이다. 부여 사람들이 주몽을 죽이려 하자 어머니의 권유로 오인, 오달 등과 함께 남하하였다. 도중에 큰 강을 만나 건널 수 없게 되자 자신이 태양의 아들이고 하백의 외손임을 밝혀 물고기와 자라의 도움으로 무사히 건널 수 있었다. 마침내 보술수에 이르러 우연히 세 사람을 만나 이들과 함께 흘승골성에 이르러 마침내 정착하고 살면서 나라 이름을 고구려라 하고 그로 인하여 성을 고씨라 하였다.

　『위서』의 고구려 시조 전승은 문헌기록 중에서 가장 오래된 것으로 후대의 국내 사서 내용과 큰 차이가 없으며 중국 사서에 기록된 것 중에는 가장 완벽하고 풍부한 내용을 담고 있다. 이는『위서』의 기록이 5세기 전반 고구려를 방문하였던 사신이 수집한 내용을 바탕으로 기록되었기 때문이다. 따라서「광개토왕비」의 기록과『위서』의 기록은 모두 5세기 전반 당대의 전승을 전하는 것이라 하겠다. 두 기록은 주

몽이 부여에서 남하하여 고구려를 건국하였다는 점에서 기본적으로 내용이 동일하다. 다만 『위서』에는 유화의 주몽 잉태와 출산, 부여에서 겪었던 고난, 주몽이 남하할 때 그를 따랐던 세력과 통합 등 「광개토왕비」에는 전하지 않는 내용이 추가되어 있다. 또 「광개토왕비」에는 시조의 이름이 '추모왕'으로 되어 있는데 『위서』에는 '주몽'으로 되어 있다. 『삼국사기』 '고구려본기'에도 '주몽'으로 기록되어 있다. 그리고 『위서』에는 '천제지자天帝之子'라는 표현 대신 햇빛이 비추어 주몽이 잉태되었다고 기록되어 있는데 이는 당시 만주 지역에 널리 퍼져 있던 것이다. 다만 북위는 주몽을 천자로 인식하지 않았기 때문에 『위서』에서는 천제라는 표현을 의도적으로 피했을 것으로 보기도 한다. 그러나 한편 『위서』에서 '일日'과 '천天'은 같은 의미일 것으로 보기도 한다. 고대인들에게 하늘天은 그야말로 지고지선의 존재로 인식이 되었으나 하늘에 대한 구체적인 신앙의 대상은 하늘에서 가장 대표적 존재인 태양日에 대한 숭배로 표현되었다. 암각화의 경우에도 하늘에 대한 신앙은 결국 태양에 대한 숭배로 나타나 동심원으로 표현되었다. 울주 천전리 암각화의 동심원이나 고령 양전동 암각화의 동심원 모두 숭배 대상으로서 형상화한 것이지만 하늘에 대한 신앙을 위해 가시화한 것이다.

2. 주몽과 금와왕

한편『삼국사기』고구려본기 '시조 동명성왕조'에 실린 건국신화를 살펴보도록 하겠다.『삼국사기』의 내용은 주몽의 남하와 건국과정을 기술한 중심 구조가『위서』의 내용과 동일하다. 그러나『삼국사기』의 내용은『구삼국사』의 내용을 요약한 것으로,『위서』보다 훨씬 많은 내용을 담고 있다. 이 내용은『삼국유사』기이편 고구려조에도 실려 있는데『삼국사기』와 거의 유사한 내용이라고 하겠다.『삼국사기』에는 주몽이 건국한 이후 비류국 병합 설화가 추가되어 있다.

부여왕 해부루가 산천에 빌어 아들 금와를 얻었다는 금와의 탄생 설화가 먼저 기록되어 있다. 다음은 해부루가 하늘의 명에 따라 동쪽으로 이주하여 동부여를 세우고, 원래의 부여 땅에는 해모수가 건국하였다는 내용으로『위서』에는 없는 것이다. 해모수의 건국설화는 주몽신화에 포함되어 있지만 본래는 독립적인 시조 전승을 가졌을 것인데 해모수가 '하늘의 자손'이라고 기록되어 있는 것이 주목된다. 주몽이 알에서 태어나는 내용은『위서』의 내용과 대략 같지만, 유화가 해모수와 만나 사통하여 아이를 갖게 되었다는 내용이 첨가되어 있다. 해모수가 '천제의 아들'로 나오는데「광개토왕비」에서는 주몽이 '천제의 아들'로 표현되어 있다.『삼국사기』에는 주몽이 천제의 아들인 해모수의 아들 즉 천제의 손자로 기록되어 있는 것이다. 그러나 두 기록은 모두 주몽이 하늘과 연관되어 있다는 것을 강조한다는 점에서 공통적이다.

그런데 「광개토왕비」에는 주몽이 북부여 출신인 것으로 기록되어 있는데 『삼국사기』에는 주몽의 출자가 조금 복잡하게 기록되어 있기 때문에 여러 논의가 있다. 주몽의 아버지인 해모수는 금와를 몰아내고 옛 부여 땅에 나라를 세웠는데 그 나라 이름은 기록되어 있지 않다. 그러나 『삼국유사』 기이편 북부여조에 따르면 해모수가 내려와 세운 나라를 북부여라고 지칭하고 있다. 한편 주몽의 어머니 유화는 하늘의 명에 따라 옛 근거지를 버리고 동쪽으로 이주한 동부여의 금와에게 보호를 받았으며, 주몽도 그곳에서 태어난 것으로 되어 있다. 따라서 부계를 따르면 주몽은 북부여 출자라 할 수 있지만 출생지를 따르면 주몽은 동부여 출신이 되는 것이다. 그러나 어머니에 대해서는 하백의 딸인 하백녀로 일치하고 있는데 하백은 본래 중국 황하의 수신水神으로 용龍을 부린다고 한다. 즉 하백은 물을 다스리는 신으로 농경과 밀접하게 관련되어 있다. 하백의 딸 유화 역시 농업신의 성격을 보여 주고 있는데 이는 「동명왕편」에 인용된 『구삼국사』에서 유화가 남쪽으로 내려가는 주몽에게 오곡의 종자를 주었다는 내용이 확인되고 있다.

주몽은 유화가 천제의 아들인 해모수와 사통한 뒤 햇빛이 비추어 잉태하여 태어났다. 유화의 몸에서 알로 태어났으므로 난생신화의 측면을 가지고 있으나, 햇빛이 비추어 태어났으므로 천강신화의 측면도 갖고 있는 것이다. 아버지가 천제의 아들인 해모수이므로 천손인 점은 분명하다고 하겠다. 따라서 주몽은 하늘의 자손인 천손이 분명하며, 어머니 유화는 강을 다스리는 하백의 딸이므로 물을 다스리는 하신의 외손이 되는 것이다.

　주몽은 태어날 때부터 그 신이함이 남달라서 금와의 명령으로 버려진 후에도 새와 짐승들의 보호를 받았다. 이때 등장하는 말, 소, 돼지, 개 등은 부여의 관명인 마가馬加, 우가牛加, 저가豬加, 구가狗加와 일치하고 있다. 따라서 당시 부여의 귀족들인 마가, 우가, 저가, 구가 등이 동명을 해치지 않았다는 것을 의미하는 것이다. 금와왕도 할 수 없이 알을 유화부인에게 돌려주었으며, 유화가 알을 감싸서 따뜻한 곳에 두었더니 얼마 후 부화하여 사내아이가 태어났다. 태어난 아이는 골상이 남달리 특이하고, 특히 활을 잘 쏘아서 사람들이 주몽이라고 불렀다. 활을 잘 쏘았다는 것은 주몽의 실제적인 능력을 나타내는 것으로 그가 신성성과 더불어 왕이 될 만한 현실적인 능력도 갖추었다는 것을 의미하고 있다.

　주몽이 장성하여 부여의 금와와 대소를 능가하는 능력을 보이자 왕과 신하가 그를 시기하여 죽이려 하였고, 이에 주몽이 오이·마리·협부 등과 부여를 떠나게 된다. 오이·마리·협부 등은 주몽의 추종세력이라고 하겠는데, 이들을 무사단으로 보기도 하고, 종교적 전문가로 보기도 한다. 또한 각각이 종교적 전문가와 군사적 전문가, 재정 전문가를 의미한다고 생각할 수 있다. 엄사수에서는 수신의 도움을 받아 쫓아오는 기병을 물리쳤다. 그리고 모둔곡에 이르러 새로운 세력인 재사·무골·묵거를 만났다고 하였는데 이들은 주몽이 고구려를 건국할 때 도움을 준 사람들로 새로운 지지기반을 구축하여 결국 이들은 후대에 지배계층으로 편입되었을 것이다. 세 사람이 모

...... 환인 오녀산성 전경

두 다른 옷을 입었다는 것은 그들이 서로 다른 세력 기반과 직능을 가지고 있었다는 것을 의미하는 것이다. 이들이 함께 다다른 졸본천은 『위서』에서 흘승골성이라고 하였는데 이 둘은 같은 지역으로 지금의 환인 지방의 혼하에 해당된다.

고구려의 초기 도성에 대해서 여러 견해가 있으나 평지성과 산성을 갖춘 양성체제로 보는 것이 일반적이다. 즉 평지에는 해자를 돌린 하고성자성이 있고, 혼하에서 10킬로미터 떨어져 오녀산에는 오녀산성이 있어 도성을 방호하고 있다. 지금도 하고성자성의 성터 흔적이 남았으며, 해자가 설치되었던 흔적도 남아 있다. 더구나 여기서 3킬로미터 정도 떨어진 곳인 상고성자 지역에 적석총이 남아 있어 초기의 지배세력이 고구려인들이었다는 것을 웅변적으로 보여주고 있다. 한족은 무덤을 만들 때 돌을 사용하지 않고 벽돌을 사용하고 있어 고구려의 묘제와 다른 점을 보이고 있다. 따라서 무덤의 양식을 볼 때 고구려의 초기 지배세력은 한족이 아니라 고구려인들이었다는 것을 확실하게 알 수 있다.

그러나 중국에서는 동북공정을 통해 고구려를 중국 소수민족의 지방정권이라고 억지 주장을 하니 역사왜곡을 넘어서 역사침탈을 하고 있는 것이다. 2002년 중국의 사회과학원 산하 변강사지연구중심을 주축으로 고구려의 역사를 중국 역사의 일부라고 주장하였다. 우리 학계와 시민단체가 이에 대응하여 '중국의 고구려사 왜곡대책위원회'를 결성하여 이에 대한 문제점을 지적하였다. 필자가 고구려사 왜곡대책위원장이 되어 학자들과 함께 대응하였으며, 정부는 '고구려연구재단'을 탄생시켜 이에 효과적으로 대응을 하였다. 그러나 2006년 일본의 역사왜곡과 독도문제를 함께 다루는 '동북아역사재단'으로 바뀌면서 이에 대한 대응을 능동적으로 하지 못하고 있다.

최근에 중국의 국가 지도자 시진핑 주석이 미국의 트럼프 대통령을 만난 자리에서 '한국은 중국 역사의 일부였다'는 동북공정의 인식을 대변하는 발언을 하였다니 정말 대국(G2 국가)답지 않은 옹졸한 인식이라고 하겠다. 그런데 이에 대해 우리 정부가 아무런 대응을 하지 못한 것을 더

····· 집안 국내성 성벽

욱 아쉽게 생각한다.

양성체제의 전통은 집안으로 천도한 이후에도 그대로 전승되어, 평지성인 국내성과 산성인 환도산성의 양성체제를 보이고 있다. 또한 평양으로 천도한 이후에도 평지성인 안학궁, 산성인 대성산성의 양성체제를 유지하고 있는 것을 볼 수 있다. 이러한 양성체제는 고구려의 독특한 전통으로 중국의 성곽체제와는 매우 다른 것이다.

3. 주몽신화의 성격

주몽은 고구려를 건국한 후 선주 세력이었던 비류국의 송양왕과 대립하게 되는데 송양왕이 주몽을 이기지 못해 복속되어 다물도의 우두머리로 봉해졌다. 이러한 사실은 비류국 세력이 고구려 영역 내로 편입된 것으로 볼 수 있다. 대무신왕 15년(32) 조의 비류부나 태조왕 80년(132) 조의 비류나 등은 고구려에 편입된 이들 집단을 가리키는 것이라 할 수 있다.

고구려의 건국신화에서 주몽의 출자는 여러 자료에서 '하늘의 자손', '햇빛에 비친 존재', '천제의 자손 해모수의 아들' 등으로 조금씩 다르게 나타난다. 그러나 주몽의 계보가 하늘 또는 태양과 연결된다는 점에서 공통적이다. 또 주몽의 어머니가 하백녀이며, 남쪽으로 내려오는 길에 물의 도움을 받는 것 역시 같은데 이는 주몽이 수신의 보호를 받았다는 것을 강조한 것이다. 주몽을 천손이자 수신의 외손자로서 그 신성함을 돋보이고자 한 것이다. 그의 죽음에서도 이러한 신성성이 나타나는데 「광개토왕비」에서는 황룡의 머리를 밟고 승천하였다고 하였으며, 「동명왕편」에서는 주몽이 하늘로 올라가 다시 내려오지 않으니 그 때 나이가 사십이었으며, 태자는 왕이 남긴 옥으로 만든 채찍으로 용산에 장사를 지냈다고 하였다. 여기에서도 하늘天神과 용水神이 거론되고 있는 것을 볼 수 있다. 이와 같은 신화는 구전되면서 많은 사람들에게 전해져 오다가 국가가 형성되면서 문헌으로 기록이 되었을 것이다. 그런 과정에서 왕권의 정통성과 정당성을 강화하기 위해 천신의 자손이며, 수신의 외손이라는 점을 강조하려 한 것이라 하겠다. 그래서 우리 고대의 신화는 우주 창세기 신화보다는 건국신화가 문헌으로 남게 된 것이라 하겠다.

한편 주몽은 활을 쏘면 백발백중인 실제적 능력도 겸비하고 있었다. 남하할 당시 오이와 마리 등의 추종세력을 거느리고 있었으며, 남하하는 과정에서도 재사와 무골 등의 세력을 휘하에 복속시켰다. 그리고 고구려를 건국한 후에는 선주세력인 비류국의 송양왕을 항복시키게 된다. 주몽신화는 이렇듯 신화적 요소와 역사적 요소가 함께 섞여 있는데 이것은 고구려 신화의 한 특징이라 할 수 있다.

주몽은 햇빛이 비추어 태어났으므로 '주몽신화'는 천강신화라 할 수 있다. 그런데 주몽은 유화의 몸에서 '알'로 태어났다. 이와 같이 '주몽신화'는 천강신화와 난생신화의 성격이 혼합되어 있는데 이러한 신화의 복합성은 우리 고대문화의 중층성과 융합성을 잘 보여 주는 것이다.

'주몽신화'는 원래 동명신화와 모티브가 같아서 그것을 차용한 것으로 여겨지는데,『삼국사기』의 건국신화는 여기에 해부루, 금와, 해모수의 신화가 더 첨가되었다. 또 유리 왕자가 아버지를 찾는 과정이나 온조와 비류가 남하하여 새로운 나라를 건국하는 과정도 신화와 연계되어 있다. 주몽이 남하하여 새로운 나라를 건설하는 것은 영웅전승이라고 할 수 있다. 부여의 '동명신화'나 고구려의 '주몽신화' 그리고 주몽의 아들 유리왕자의 신화 모두 그러한 영웅전승의 내용을 가지고 있다. 특히 주몽신화는 부여의 신화에 비해 제사단·무사단 등이나 선주세력의 병합 기사를 남기고 있는데 이것 역시 주몽신화의 한 특징이라고 할 수 있다.

4. 동명제와 동명묘

　이러한 건국신화는 국가제사를 통해 구체화되었을 것이다. 고구려의 제천의례는 하늘에 대한 제의라 할 수 있지만 동시에 국조인 동명(주몽)에 대한 제사이기도 하였다. 즉 주몽은 나라의 시조이기도 하지만 동시에 하늘의 자손이므로 천신의 성격을 가지고 있었다. 제천의례에서 함께 행해진 수신隧神제 역시 시조의 어머니인 동시에 지신의 성격을 지니는 유화부인에 대한 제사의례였다. 고구려에서는 건국신화의 주인공인 주몽과 그 어머니인 유화부인이 천신과 지모신의 성격을 지니면서 제천의례의 대상이 된 것이다. 이는 건국신화에서 주몽이 천손이면서 수신의 외손임을 강조하는 점과 긴밀히 연결되는 것으로 건국신화의 내용이 제의를 통해 구체적으로 표현된 결과라고 하겠다.

주몽의 어머니 유화부인의 역할이 강조되는 것은 고구려 신화와 제의의 특징이다.『삼국사기』에서는 주몽이 부여에서 핍박받자 유화부인이 주몽에게 남쪽으로 떠날 것을 재촉하며,「동명왕편」에서는 유화부인이 떠나는 주몽에게 오곡의 종자를 주어 보냈다고 되어 있다. 이것은 유화부인이 고구려 건국의 계기와 경제적 기반 마련에 중요한 역할을 하였다는 것을 보여 주고 있다. 따라서 고구려에서는 태후묘를 세우고『주서』나『북사』에서처럼 유화부인을 '시조 부여신'으로 표현하면서 동명왕묘와 더불어 2개의 신묘를 모셨던 것이다. 환도산성 유적을 발굴하면서 팔각건물지 2개가 발견되었는데 바로 이것을 주몽을 모신 사당과 유화부인을 모신 사당으로 보고 있다. 경주 나정 근처에서도 팔각건물지가 발견되고, 일본의 오사카 나니와궁에서도 팔각건물지가 발견되었는데 모두 제사와 관련된 건물로 보고 있다. 그러나 다른 팔각건물지는 하나만 발견된 단독 건물인데 반하여 환도산성의 팔각건물지는 두 개로 사당이 두 개 있었다는 문헌 기록과 일치하고 있다.

유리설화는 주몽이 고구려를 건국하기 전 부여에서 낳았던 아들 유리가 아버지의 나라 고구려를 찾아오는 내용이다. 유리 왕자가 찾아오자 고구려에서 낳은 아들인 온조와 비류는 남하하여 백제를 건국하게 된다. 이 설화는 고구려에 일찍부터 부계적 질서가 자리 잡

…… 환도산성 팔각건물지

혀 있었음을 반영하는 것인데도 불구하고 지모신의 지위는 여전히 유지되었다. 백제에서도 온조왕 대 국모묘를 세워 제사하였는데, 백제 건국설화에서 나타나는 이러한 점은 고구려의 영향을 받은 것이라고 할 수 있다.

고구려 건국신화와 제의의 중요한 특징은 신화와 제의가 긴밀하게 연결되어 있다는 것이며, 동맹제를 통해 그 구체적인 양상을 확인할 수 있다. 제천의례인 동맹제는 천신과 지신에 대한 제사이면서 동시에 동명(주몽)과 유화부인에 대한 제사였다. 동맹제는 산 위의 통천굴과 국동대혈에서 왕과 귀족들의 제례로 시작하여 산 아래에 백성들이 모여 가무를 즐기는 데 이르렀을 것이다. 부족 단위의 '부중대회'가 아니라 여러 부족과 여러 지역의 사람들이 모두 모이는 '국중대회'로서 거국적으로 이루어졌다. 그리고 제의 중에 범죄자에 대한 단죄도 이루어졌는데 이는 제의가 재판기능을 갖고 있다는 것을 알 수 있다.

이처럼 고구려의 제천의례는 종교적인 행사일 뿐만 아니라 지배 이데올로기의 성격을 지니고 있다는 것을 알 수 있다. 고구려의 시조 주몽은 천손이면서 수신의 외손으로 신화에는 그 신성함이 강조되어 있다. 그러나 주몽은 활을 잘 쏘는 능력을 겸비하고 있었으며 무사단을 거느리고 있었다. 그리고 신화에는 남하하는 과정에서 주변세력을 복속시키는 과정과 고구려를 건국한 후 토착세력인 비류국을 병합하는 내용도 포함되어 있다. 이는 고구려 건국과정의 역사적 사실을 반영하는 것으로 고구려 건국신화에는 이처럼 신성성과 역사성이 혼합되어 있다.

오룡거는 다섯 마리의 용이 이끄는 수레로서 중앙의 황룡과 동서남북을 방호하는 청룡, 백룡, 흑룡, 적룡이 이끈다는 것을 뜻하며, 이는 제후국이 아니라 천자의 나라의 황제가 타는 수레로서 고구려가 천자국이라는 의미를 갖는 것이다. 이는 중국의 역사와 어깨를 겨루는 독자적 위상을 보여 주고 있는 것이다.

한편 주몽의 활쏘기 능력은 한민족의 전통으로 이어져 세계 선수권대회에서 개인과 단체 종목을 석권하고 있다. 2012년 런던 올림픽에서 양궁은 남·녀 개인과 단체 종목 모두 금메달을 획득하였는데 주몽의 후예다운 쾌거라고 하겠다.

9장
·····
비류와 온조

백제의 건국신화는 『삼국사기』 '온조왕조'와 『삼국유사』 '남부여
전백제조' 등에 실려 있다. 『삼국사기』 '온조왕조'에는 온조 시조 전
승 외에 비류 시조 전승이 주석으로 덧붙어 있고, 『삼국사기』 제사지
에는 동명과 우태, 구태 시조 전승에 대한 언급이 있으며, 중국 사료
에서는 구태가, 일본 사료에서는 도모가 각각 등장한다. 백제의 신
화에 대해서는 그동안 백제의 시조 전승과 건국신화의 형성과정, 성
격 등에 대해 걸쳐 다양한 연구가 진행되어 왔다. 백제의 건국은 졸
본부여의 세력 재편에 따른 고구려의 건국과 관련이 있으며, 고구려
보다 먼저 자리 잡고 있었던 졸본부여의 원래 세력인 동명-온조 집
단이 동명신화를 지니고 남하한 것으로 보고 있다. 그리고 백제 건

국 전승에서 또 하나의 축을 이루고 있는 해부루-우태-비류 전승은 동부여 계통이면서 고구려와의 관련 속에서 복잡하게 전개되었다.

...... 삼국유사 기이1 남부여조 해당 원문(만송문고본)

1. 온조의 시조 전승

백제의 건국시조에 대한 전승은『삼국사기』백제본기의 '온조왕 즉위년조'와 제사지,『삼국유사』기이편 '남부여조', 그리고『주서』와『수서』『북사』등에 전하고 있다. 이들 기록은 백제의 시조에 대해서 온조설, 동명설, 구태설, 도모설 등 각기 다른 전승을 보여 준다. 그중 가장 자세하면서도 흥미를 끄는 기록은 온조와 비류에 관한 기록을 남기고 있는『삼국사기』'즉위년조'의 기사이다.

온조를 시조로 삼는 이 기록은 온조가 중심이 되어 십제十濟가 성립되는 과정을 묘사하고 있다. 온조의 아버지는 북부여에서 온 주몽이고, 어머니는 졸본부여왕의 딸이다. 주몽이 졸본부여의 왕위를 이은 후 북부여에 있을 때 낳은 아들 유리가 태자가 되었기 때문에 비류와 온조가 남하하게 되었다. 비류는 적극적으로 바닷가를 근거로 하여 건국을 시도하였으나 실패하고, 십신十臣의 보좌를 받아 십제가 성립된 후 비류 세력은 온조 세력에 흡수되어 국호가 백제百濟로 바뀌었다. 온조 시조 전승에 보이는 대부분의 요소들은 역사적인 사실을 반영하고 있다. 특히 다른 건국신화에 비해 온조와 관련된 신화는 매우 역사적 색채를 강하게 띠고 있는 것이 특징이라고 하겠다. 온조의 출자와 그의 추종 세력인 십신의 존재, 비류의 미추홀 건국과 십제의 미추홀 병합 등의 내용에서 당시의 정치적 상황을 읽을 수가 있다.

졸본부여(고구려)에서 남하하여 백제를 건국한 집단의 계통은 온조 시조 전승에서의 부여 출자 강조 의식과 석촌동 고분군의 적석총 전 단계인 토광묘 조영 세력을 연관시켜 부여계 이주 세력으로 보기도 한다. 또는 석촌동이나 경기 북부 지역에 분포하는 여러 적석총

······ 석촌동 백제 초기 적석총

과 관련하여 고구려계 세력으로 보기도 한다. 여하튼 백제와 고구려의 관련성을 부인할 수가 없는 것이다.

온조가 남하할 때 함께 내려와 온조의 건국을 도운 십신에 대해서는 온조의 가신으로 보거나 혹은 온조를 따라온 10개의 친족집단으로 보아 왔다. 그런데 이를 십제를 형성한 10개의 이미 살고 있는 토착 집단으로 파악하고, 신라의 6촌장이나 가야의 9간과 비교하기도 한다. 그러나 온조 전승의 내용상 십신은 온조와 함께 졸본부여에서 남하한 것으로 되어 있어 6촌장 혹은 9간과는 차이가 있으므로 이들을 토착집단으로 보기에는 무리가 있다. 오히려 부여에서 유리 왕자를 지지하는 집단과 비류와 온조를 지지하는 집단이 서로 대립하다가 유리 왕자가 왕위를 계승하게 되자 비류와 온조 세력이 남하한 것으로 보는 것이 합리적이다. 이때 비류와 온조를 지지하던 졸본부여의 토착세력이 함께 남하하였을 것이라는 원래 사료의 내용을 받아들이는 것이 순리적이라고 하겠다.

『삼국유사』기이편 '남부여조'는 온조 시조 전승의 내용을 그대로 옮겨 놓았으나 더하거나 빼기도 하고, 다른 글자로 바꾼 대목도 있다.『삼국유사』의 내용에서 중요한 것은 "그 세계世系가 고구려와 같이 부여계에서 나왔기 때문에 해解로 성씨를 삼았다"고 한 부분이다. 이는 백제 왕실의 세계에 혼란을 일으키는 원인이 되었으며, 이 기록을 바탕으로 해씨는 비류집단이 칭한 성씨이고 부여는 온조집단이 칭한 성씨로, 이 두 집단이 연맹장을 배출하였기 때문에 해씨와 부여씨가 왕의 성씨로 되었다고 이해하기도 한다. 그러나『삼국사기』에는 백제 왕실의 성이 부여씨로 되어 있으며,『삼국유사』남부여 조의 백제 건국설화 앞부분에도 '백제의 성이 부씨扶氏이므로 그렇게 일컬었다'는 기록을 남기고 있다. 물론 이 기록의 부씨는 부여씨의 잘못된 표기라고 하겠다.『삼국유사』의 이 기록은 아마도 해모수가 아들을 낳아 부루라고 하고 해씨를 성씨로 삼았다는 내용을『삼국사 기』의 온조 전승과 연결시켜 후대에 부여의 후예인 백제왕의 성씨를 해씨로 바꾼 것 같다.

2. 비류의 시조 전승

한편 온조 설화의 바로 다음에 주기되어 있는 비류 시조 전승은 온조 시조 전승과는 다른 내용을 전하고 있어서 흥미롭다. 이를 살 펴보면 시조 비류왕의 어머니 소서노는 처음에 북부여왕 해부루의 서손인 우태와 결혼하여 비류와 온조를 낳았다. 그리고 우태가 죽 은 후 졸본에 혼자 살다가 후에 주몽이 부여에서 용납되지 못하고, 남쪽으로 내려와 졸본에 고구려를 세우자 주몽과 결혼하였다. 주몽 은 비류를 잘 대해 주었지만 결국 부여에 있을 때 낳은 아들을 태자 로 삼았다. 때문에 비류와 온조는 남하하여 미추홀에서 거주하게 되 었다. 비류 시조 전승에서는 비류와 온조의 아버지 우태가 북부여왕 해부루의 서손임을 밝혀 비류의 부계를 해부루-우태로 설정하고, 어머니 소서노를 비중 있게 다루고 있으며, 주몽 아들의 이름을 유류라 기록하여 놓았다. 또 남하하는 과정에서 비류의 중심적인 역할을 강조하고, 그 이동 경로를 구체적으로 명시하였다.

비류가 온조와 함께 이동하면서 건넜다는 패수와 대수 중 패수는 현재의 예성강을 가리키며, 대수는 임진강을 가리킨다. 비류집단이 패수와 대수를 건너 미추홀에 이르렀다는 내용은 이들이 해로를 통해 남하하였다는 것을 알 수 있다. 또 비류가 정착한 미추홀은 서해를 통해 들어오는 해상세력과 연관되는 지역이라고 하겠다. 때문에 비류집단은 해안 지역 거주민으로 어로에 종사하였으며, 해안선을 따라 소금을 판매하는 교역 활동을 하였을 것이다.

비류와 온조 전승 사이에는 몇 가지 공통되는 부분이 보인다. 내용상으로 둘은 형제이고 비류가 장자이며 온조가 차남이라는 점이다. 그리고 형제가 주몽과 일정한 관계를 유지하고 있다는 점, 그들의 생모와 주몽이 부부관계라는 점, 부여계 출자임을 명시하고 있는 점 등이 공통점이다. 그러나 온조와 비류를 건국의 시조로 표방하고 있는 두 전승은 몇 가지 차이점을 보이고 있다. 그 아버지가 주몽과 우태로 다르게 나타나며, 비류 전승에서는 온조 전승과 달리 비류와 온조의 갈등구조가 보이지 않는다. 또한 비류 전승은 그 출자나 남하과정을 서술한 반면, 온조 전승은 남하 이후의 건국과정과 국호부분에 대한 비중이 크다. 비류 전승에는 백제의 건국연대나 국호에 대한 내용이 없으며, 최종 정착지가 미추홀로 나타나 있기 때문에 미추홀 소국의 국가 형성을 반영하는 이야기로 보기도 한다. 한편 비류 전승에는 예씨와 유류 등 주몽 전승에 보이는 구체적인 인명이 나타나 있어서 고구려의 전승 내용이 영향을 끼치고 있는 것을 엿볼 수 있다.

더구나 비류 설화의 경우가 온조 시조 전승보다 원초적인 신앙이나 습속을 더 많이 포함하고 있다. 온조 시조 전승에서는 대우혼 습속을 배제하면서 부계 중심의 가계가 성립한 반면 비류 시조 전승에는 소서노의 대우혼이 드러나 있다고 보기도 한다. 대우혼이란 한 혈족의 형제 또는 자매와 다른 혈족의 형제나 자매 사이에 남자 한 사람에 여자 한 사람씩 짝을 짓는 결혼 형태를 말하는데 소서노의 경우가 대우혼의 형태라고 볼 수 있을지는 의문이다.

한편 온조 시조 전승에는 십신의 무사단적 성격이 추가되어 있어 후대적 요소가 가미되었다고 본 것이다. 그러나 비류 시조 전승에도 주몽의 가부장적 성격이나 예씨의 아들인 유류의 지위를 격상시키는 등 후대의 관념이 포함되어 있다. 때문에 비류 전승의 일부 내용이 후대 고구려의 주몽 전승과 관련하여 바뀌게 되었을 가능성도 상정할 수 있다.

한편 정치사적 시각에서 온조 전승과 비류 전승을 각각 건국 당시에 존재하였던 독자적 세력의 건국 전승으로 보고, 이를 백제 왕계가 온조계통과 비류계통이 서로 교대하면서 이루어졌다는 백제 왕실 교대론과 연결하는 시도가 주목을 받고 있다. 또는 연맹체론의 입장에서 둘 사이가 형제 사이로 기술되어 있는 점은 초기 건국단계에 각각 존재하였던 비류계와 온조계의 건국집단이 연맹을 형성하게 되자 후대에 이를 합리화하고 연맹의 결속력을 상징하기 위해 시조를 의제적 혈연관계로 표현한 것이라 보기도 한다. 건국 설화에 보이는 시조 형제 설화는 혈연상의 형제라기보다는 두 집단이 연맹을 형성한 것을 상징한 것이라 볼 수 있다.

이와는 달리 미추홀의 비류집단이 백제에 통합된 후 미추홀에 나라를 세운 비류가 참회하여 죽었다는 기록을 근거로 당시에 비류 세력이 소멸되어 버렸다고 보기도 한다. 일단 설화에 따르면 미추홀 집단은 온조 세력에게 통합되었다고 보는 것이 타당할 것 같다. 다만 비류 설화가 후대에까지 존속된 점은 통합 이후의 미추홀 집단이 철저히 소외되지는 않았다고 보아야 할 것이다.

『삼국사기』 백제본기에 백제의 건국신화가 '온조 설화'와 '비류 설화'로 나뉘어 전해 오기 때문에 그에 대한 이해가 여러 방향으로 갈리고 있다. 그러나 『삼국사기』 백제본기에는 십신의 보좌를 받은 온조가 하남 위례성에 백제를 건국하였다는 온조 시조 전승이 본문에 실려 있다는 점을 상기할 필요가 있다. 온조 전승이 본문으로 실리고, 비류 전승이 주석으로 실렸다는 것은 『삼국사기』 편찬자들이 온조 전승에 더 비중을 두었다는 것을 의미한다. 이는 백제 당시는 물론 『삼국사기』를 편찬하던 고려시대에도 온조 전승을 가장 중요하게 여겼다는 뜻일 것이다. 한편 『해동고승전』에도 백제본기의 내용과 비슷한 시조 전승이 전해지고 있다. 주몽의 아들인 두 사람이 한산에 이르러 나라를 세우고 백제라 국호를 정하였다는 내용으로 온조 시조 전승과 내용이 같다.

『삼국사기』 제사지의 시조 전승에는 온조와 비류에 관한 언급이 빠져 있다. 『삼국사기』 편찬자들이 제사지를 편찬할 때 그들이 접하였던 자료에는 세 가지 계통의 시조 전승이 있었다. 동명과 우태, 구태 시조 전승이 그것이다. 『삼국사기』 백제본기에는 시조묘 제사로 '동명묘'와 '구태묘'의 제사 기록이 보이고 있다. 이는 앞서 살펴본 온조 시조 전승, 비류 시조 전승과 상충되는 내용이다. 그러나 『삼국사기』의 찬자들은 백제본기의 온조와 비류의 시조 전승과 제사지의 시조 기사를 동일한 것으로 인식하고 있었다. 우태-비류의 혈연적 관계를 통해 비류 시조 전승과 우태 시조설을 동일한 시조 전승으로 파악하고 있었다. 온조 전승의 경우 온조의 아버지는 주몽으로 나타나 있지만 『삼국사기』의 찬자들은 주몽과 동명을 동일인으로 보았던 것이다. 주몽과 동명을 동일인으로 인식한 것은 『삼국사기』 지리지에도 보인다.

이상으로 『삼국사기』에 보이는 백제의 건국신화를 살펴보았는데,

······ 몽촌토성 전경

······ 풍납토성 전경

여기서 백제신화가 고구려나 신라의 건국과 시조신화와는 다른 차이점이 보인다. 『삼국사기』에 전하는 온조와 비류 전승의 경우 시조의 신이한 탄생이나 신성한 행적을 보여 주는 영웅 전승적 성격도 미약하고, 하늘과 직접적인 관련성도 보이지 않은 채 비교적 역사적인 부분만 정리되어 있다. 시조에 대한 신화화가 덜 된 상태에서 문자 기록으로 정착되었기 때문인지, 아니면 오랜 전승 기간 동안 신화로서의 모습이 퇴색되었기 때문인지는 정확히 알 수 없다. 다만 백제의 건국신화가 소략하게 전해진 이유는 사료가 부족한 탓에 편찬할 때 이를 분산해서 기록하였기 때문일 것이라고 추측할 뿐이다. 물론 삼국 중 백제만이 건국신화가 없다는 것은 쉽게 납득하기 어려우므로 이를 신화로서 연구하고 있다.

3. 구태의 시조 전승

그러나 백제본기의 온조와 비류 설화에는 신화적 요소가 별로 드러나지 않을 뿐 아니라 사후에도 시조로서 제사의 대상이 되지 못하였다. 『삼국사기』찬자가 여러 전승 중에서 그들의 설화를 시조 전승으로 채택한 것은 그들이 동명의 계승자였다고 인식하였기 때문이다. 그 과정에서 동명에 관한 부분은 고구려의 그것보다 겹쳐서 생략되고, 그 시조의 신성함을 담보하는 내용도 약화되었던 듯하다. 백제의 시조묘는 동명묘나 구태묘로 지칭되지 온조묘나 비류묘로 언급되지는 않는다. 이는 백제인들이 실제 시조로 추앙한 인물이 동명이나 구태였다는 것을 나타내는 것이며, 이 점은 신성함이 배제된 온조나 비류 설화의 특징과도 관련이 있는 것이다.

『주서』, 『수서』, 『북사』 등의 중국 사서에는 구태 시조설이 전하고 있다. 중국 사서에서 구태 기록이 가장 먼저 보이는 것은 구태가 대방 옛 지역에 나라를 세웠다는 『주서』의 기록이다. 그러나 이는 너무 소략하기 때문에 『수서』와 『북사』의 기록을 살펴볼 필요가 있다. 두 사서는 모두 구태를 백제의 건국 시조로 보고 있다. 『주서』와 거의 같은 시기에 편찬된 『괄지지』에는 "백제성에 시조 구태묘를 세우고 매년 네 번씩 제사를 지낸다"는 내용이 기록되어 있어 구태가 실제 시조로 추앙되었다는 것을 알 수 있다. 또한 백제를 세운 구태가 부여를 세운 동명의 후예라는 점을 밝히고 있다. 부여를 선조로 삼는 인식은 "백제국은 그 선조가 부여로부터 나왔다"고 하는 『위서』의 기록에서도 확인되고 있다.

구태는 정치사, 음운학, 신화학 등 여러 관점에서 온조, 비류, 비류의 아버지 우태, 고이왕, 근초고왕 등 다양한 인물로 비정되어 왔다. 그중에 구태의 '태台'를 '이怡'로 읽으면 '고이古爾'와 서로 음이 비슷하다는 점과 고이왕 대에 왕계나 관제가 일단 정리되었을 것이라는 점에서 고이왕설이 가장 타당하다고 보고 있다.

한편 일본의 사서에는 백제의 시조가 도모都慕라고 기록되어 있다. 도모 시조 전승은 일본으로 이주한 백제 왕족에 의해 지속적으로 계승되었으며, 그들은 스스로를 도모의 후손이라 믿었다. 도모의 일본어 발음이 주몽과 비슷하기 때문에 동일 인물로 파악하고 있다. 그러나 『신찬성씨록』에 따르면 백제의 도모와 고구려의 추모(주몽)은 확실하게 구분되어 있다. 일본측 사서에 보이는 백제의 원조遠祖 도모는 온조보다 한두 세대 윗 세대의 인물이면서 고구려의 주몽이 아닌 인물이 되어야 하므로 졸본부여의 동명으로 보는 이장웅 박사의 견해가 의미가 있다고 생각한다.

10장
·······
김수로왕과 허황후

    가락국을 세운 김수로왕과 왕비인 허황옥의 혼인은 소위 국제결혼이었다. 그것도 이웃 나라가 아니라 이역만리 떨어져 있는 나라였기 때문에 신랑과 신부는 결혼을 하기 위해 바다를 건너고 산을 건너는 만만치 않은 과정을 겪어야 했다. 그야말로 산전수전을 다 겪은 것이다. 그러한 과정이 『삼국유사』 가락국기조에 나타나 있다. 신랑 김수로 군이 신부 허황옥 양을 맞이하는 모습, 신부 허황옥 양이 산신에게 폐백을 드리는 모습, 신랑과 신부가 만나 혼례를 치르고 첫날밤을 지내는 모습, 2박 3일의 신혼여행을 마치고 궁궐에 들어와 왕비가 되는 과정이 요즈음의 결혼식 동영상을 보는 것 같이 생생하게 묘사되어 있다. 그에 앞서 김수로왕이 등장하는 신화가 『삼국유사』'가락국기조'에 상세히 나타나 있다.

1. 김수로의 등장

> "김해 구지봉에서 이상한 소리가 났다. 하늘이 나에게 나라를 다
> 스리라고 하였으니 너희들이 '거북아 거북아 머리를 내밀어라 그
> 렇지 않으면 구워 먹겠다는 노래를 부르라'고 하였다, 9간†들이
> 그 말대로 하니 하늘에서 붉은 줄이 땅에서 내려오고 붉은 천에
> 싼 금함이 있기에 열어 보니 황금 알 여섯 개가 해처럼 빛났다.
> 이 여섯 개의 알이 동자로 변하여 경배하였다. 나날이 커져서 마
> 침내 왕위에 올랐는데 처음에 나왔으므로 수로^{首露}라 하였다."

이 신화는 천강신화와 난생신화가 결합되어 있다. 수로가 하늘에
서 내려왔다는 천강적 요소와 황금알에서 태어났다는 난생적 요소
가 모두 나타나고 있는 것이다. 대개 천강신화는 다른 지역에서 새
로운 세력이 이동해 온 것으로 해석하고 있다. 그렇다면 김수로는
토착세력이 아니라 외래세력으로 보아야 한다. 외래집단은 새로운
사회에 들어오면서 토착집단과 갈등을 빚기도 하는데, 여기서는 토
착세력의 대표자들인 9간들의 추대로 갈등과 대립이 일어나지 않았
다. 한편 난생신화는 보통 사람들이 태생인 데 대하여 남다르다는
특이성을 강조하는 것이다. 그런데 흥미로운 것은 알이 하나가 아니

라 여섯 개라는 사실이다. 『삼국유사』오가야조에는 가락국기 찬시를 인용하여 붉은 끈이 드리워지고 여섯 개의 둥근 알이 내려와 각 읍으로 돌아가고 하나는 국성에 남았는데 그것을 수로왕이라 하였다. 나머지 다섯 개의 알은 오가야의 주인으로 금관가야는 다섯의 숫자에 들어가지 않는다고 하여 그 위상을 달리하고 있는 것을 알 수 있다. 그 다섯은 아라가야(함안), 고령가야(함녕), 대가야(고령), 성산가야(벽진), 소가야(고성) 등이라고 하였다. 우리나라는 천강신화이건 난생신화이건 대부분 하나의 존재를 신성화하였다. 물론 김수로왕만이 신성화되고 있기는 하지만 가락국의 신화는 여섯의 존재가 난생으로 나타난 것이 특징이라고 하겠다.

"김수로는 즉위하자 도읍을 전하고, 신답평新畓坪을 순행하고, 외

...... 김해 구지봉 고인돌

...... 구지봉 고인돌

성을 쌓고, 궁궐을 짓고, 관청과 창고를 세웠다. 이때 석탈해가 와서 왕위를 빼앗으려고 하자 경합을 벌여 탈해를 물리쳤다. 탈해가 매와 참새로 변하였는데 수로는 독수리와 새매로 변하여 탈해를 신라 지역으로 쫓아 버렸다."

여기서 김수로왕의 등장이 보여 주는 중요한 의미는 신답평新畓坪을 통해 알 수 있듯이 벼농사를 시작하였다는 것이다. 종래 밭농사를 지었던 이 지역에 김수로가 새로운 기술인 벼농사를 전해 온 것이다. 이러한 벼농사의 노하우가 토착세력인 9간들이 김수로를 환영하게 된 중요한 요인이었을 것이다. 벼농사의 경제적 기반을 바탕으로 궁궐을 짓고, 관청과 창고를 세우는 등 국가체제를 정비한 것이다. 아울러 탈해로 상징되는 해양세력을 물리쳐 군사적 능력을 보여 줌으로서 대내외적으로 왕권을 과시하였다. 이에 9간들이 자기들의 딸 중에 배우자를 구할 것을 청하였으나 김수로왕은 하늘이 정하여 줄 것이라며 사양하였다.

2. 바다 건너 시집 온 허황옥

김수로는 신하들을 바닷가로 보내 신부를 맞이하게 하였다. 그러나 허황옥은 가벼이 따라갈 수 없다고 하므로 김수로가 할 수 없이 궁궐 밖으로 직접 맞이하러 나왔다. 허황옥은 배에서 내려 언덕을 넘다가 입고 있던 비단바지를 산신령에게 폐백으로 바쳤다. 두 명의 들러리와 하인 20여 명이 따라왔는데 가져온 비단과 금은보석 및 장식품이 셀 수 없을 정도였다. 김수로는 허황옥을 맞이하여 임금의 임시 거처인 행재소에 들어갔다. 허황옥을 따라온 들러리와 하인들에게 거처를 마련해 주고, 음식을 대접하고, 의복과 금은보화를 하사하였다.

신랑과 신부는 잠자리에 들어 신혼 첫날밤을 보내며 이야기를 나누었다. 허황옥은 아유타국의 공주이며, 나이는 열여섯으로 아버지가 이곳으로 보내 천신만고 끝에 오게 되었다고 하였다. 김수로는 공주가 여기에 올 것을 알고 신하들의 간청을 물리치고 기다리고 있었다고 말하였다. 서로 천생배필라는 것을 확인한 두 사람은 2박 3일의 허니문을 함께 보냈다. 곧바로 허황옥을 모시고 온 배를 돌려 보냈는데 뱃사공들에게 양식과 옷감을 하사하였다. 궁궐로 돌아온 왕은 공주가 가져온 진귀한 보배들을 대궐 창고에 갈무리하여 공주가 사용하도록 하였다.

신랑 김수로 군과 신부 허황옥 양의 혼례를 치르는 과정이 생생하게 나타나 있어 무슨 마치 드라마나 '결혼이야기' 영화를 보는 것 같다. 신랑 김수로가 신부를 맞이하러 신하를 보냈으나 신부 허황옥은 섣불리 처음 보는 사람들을 따라갈 수 없다며 슬쩍 빼 본다. 사실은 신랑 김수로가 직접 나오지 않고 신하를 보낸 것이 못마땅해서였을 것이다. 자기는 이역만리 떨어진 곳에서 모진 고생을 하며 바다를 건너왔는데 김수로가 직접 맞이하지 않았으니 말이다. 이 말을 들은 김수로는 궁궐에서 나와 제3의 장소인 행재소에서 신부를 맞이하였다.

한편 신부 허황옥은 신랑 김수로를 만나러 오는 도중에 언덕에서 산신령에게 바지를 폐백으로 바쳤다. 어떤 집단에 새로 들어오는 외부인은 기존 토착인들에게 인사를 하는 것이 동서고금의 공통된 관행이다. 군대에서는 신병이 오면 고참에게 소위 신고식을 하며, 대학에서는 신입생들의 새내기 환영식을 행한다. 이것을 인류학에서는 '입사식入社式'이라고 하는데 물건을 바치거나 특별한 의례를 행한다. 여기서는 토착세력으로 상징되는 산신령에게 폐백을 바친 것으로 되어 있는데 요즘 풍습으로 하면 예단을 바친 것이다. 이러한 의미가 전화되어 지금은 신부가 신랑 부모님에게 드리는 의례라는 의미로 사용되고 있는 것이다. 혼인은 신랑과 신부 두 사람만의 일이 아니라 신랑과 신부가 속한 각 집단과의 관계망을 형성하는 제도이다. 20세기 최고의 지성으로 불리는 레비스트로스가 500여 민족의 민족지를 통하여 결혼제도를 조사·분석한 결과 인간이 결혼을 하는 이유가 관계망의 형성과 확대를 위한 것이라는 결론을 내린 바가 있다. 남녀가 좋아하고 사랑을 한다면 계속 연애만 하면서 살 수도 있을 것이다. 결혼이 자손의 번식을 위한 것이라고 해도 굳이 결혼을 하지 않고서도 할 수 있다는 것이다. 신석기시대 족외혼을 하였다는 것을 보아도 같은 부족끼리 결혼을 하는 것보다는 다른 부족과 결혼을 하여 인적 교류와 문물 교류를 함으로써 관계망을 형성하고 확대하는 데 그 목적이 있었다는 것을 알 수 있다.

신부를 따라서 들러리와 하인들이 옴으로써 인적 교류를 하고, 의

복과 금은보화를 가져옴으로써 문물 교류를 하게 되는 것이다. 김수로왕은 들러리와 하인뿐 아니라 뱃사공들에게도 양식과 의복을 하사하였다. 신랑과 신부가 각각 준비한 혼수품을 교환하는 장면으로 가락국과 아유타국의 문물 교류가 이루어진 것을 보여 주는 것이다. 그 이후에도 양국 사이에 문물 교류가 지속되었을 것이다. 그것을 보여 주는 것이 파사석탑이라고 할 수 있다. 금관가야는 이러한 교역을 통하여 주변의 다른 가야국보다 발전할 수 있었을 것이다. 여기서 아유타국이 어디인가에 대한 여러 가지 다양한 의견들이 제시되었다. 아마도 실제가 아니라 설화에 불과하다는 견해가 지배적이었다. 그러나 인도의 아요디아 지방일 것이라는 견해, 태국지역에 망명하였던 아유타국, 중국의 사천성 지역에 있었던 보천국, 그리고 요즈음에는 낙랑군을 일컬은 것으로 보기도 한다.

신랑과 신부는 첫날밤을 행재소에서 보낸 후 2박 3일 동안 허니문을 보냈다. 신부의 집도 아니고 신랑집도 아닌 제3의 장소인 행재소에서 사흘을 지내고 신랑이 사는 궁궐로 돌아갔다. 이 행재소가 우리나라 웨딩홀(예식장)의 원조라고 할 수 있겠으나 이 혼인은 국제적인 것이어서 이를 당시의 일반적인 풍속이라고는 볼 수

······ 2015년 허황후 신행길 축제
출처: 김해시

없다.

허황옥은 아유타국의 공
주라고 하는데 아유타국은
인도 동부 지역에 있던 왕
국이다. 종래에는 이 아유
타국을 실재하지 않은 것
으로 보았으나 한 아동문

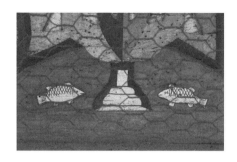

······ 김해 수로왕릉 쌍어문

학가가 30여 년 전 인도에 직접 가서 '아유타국'의 존재를 직접 확인
하였는데 지금은 '아요디아Ayodhya'라고 한다. 아유타국을 바로 이 인
도의 아요디아 지역과 연결시키는 견해들이 발표되었을 때 처음에
는 문학가의 상상력이 아닐까 하는 의구심이 많았으나 그것을 방증
하는 자료들이 조금씩 보완되고 있다. 아요디아 지역을 상징하는 문
양은 물고기 두 마리가 눈을 마주보며 서로 맞대고 있는 것이다. 이
것을 소위 '쌍어문'이라고 하며, 지금도 이 지역 사람들이 입는 티셔
츠 무늬 등에 많이 이용되고 있다. 2013년 인도에 갔다가 아요디아
지방 신화의 현장에 김해 김씨 대종회에서 공원을 조성하여 놓은 것
을 보았다. 그러면 신화가 가공의 이야기가 아니라 실제의 이야기처
럼 보이게 되는 것이다. 여기에 쌍어문 문양을 그려 놓고 있는데 이
쌍어문이 김수로 왕릉의 앞문에도 그려져 있다. 또한 김해에 있는
파사석탑의 돌이 우리의 주목을 끈다. 이 파사석탑의 석재는 김해지
방에서는 볼 수 없는 것인데 이 돌이 인도의 아요디아 지역에서 나
는 돌이라는 것이 확인되었다. 전해 오는 이야기로는 허황옥이 가락

국에 올 때 이 석탑을 가져왔다고 하는데 그 시기는 정확하게 알 수 없다. 여기에 인도정부에서 이를 인증하는 기념식수를 하여 신화를 실제의 역사로 탈바꿈시키고 있다.

가락국이 존재하는 기간에 가져왔을 텐데 그 시기가 언제일까? 이와 관련하여 가락국 질지왕이 왕위에 오른 다음해(452) 허황후의 명복을 빌기 위해 그녀가 김수로왕과 혼례를 치른 곳에 절을 세워 왕후사라 하고 밭 10결을 바쳐 비용에 충당하게 하였다는 기사가 주목을 끈다. 밭 10결을 바쳐 절을 운영하도록 하였다는 것을 보면 상당히 실제적인 이야기라고 할 수 있다. 아마도 이 왕후사를 세울 때 아유타국에서 '파사석탑'을 가져왔을 것으로 추측할 수 있다. 이것이 사실이라면 가락국은 신라보다 먼저 절을 짓고 불교를 수용한 것이라는 이야기가 된다. 그리고 고구려나 백제와 같이 중국을 통하여 불교를 받아들인 것이 아니라 인도에서 직접 불교를 받아들였다는 것을 의미한다. 만약 이것이 사실이라면 북방불교(대승불교)뿐만 아니라 남방불교(소승불교)도 전래 수용되었다는 것이므로 우리나라 불교사와 사상사는 다시 쓰여져야 할 만큼 획기적인 일이 아닐 수 없다.

······ 파사석탑

고구려에는 소수림왕 2년(372)에 전진의 왕 부견이 사신과 승려 순도를 보내 불상과 경문을 보내왔으며, 소수림왕 5년(375) 초문사를 창건하여 순도를 머물게 하고, 이불란사를 창건하여 아도를 있게 하니 이것이 해동 불법의 시초라고 하였다. 한편 백제는 침류왕 즉위년(384) 호승 마라난타가 동진에서 왔으며, 이듬해(385) 절을 한산주에 창건하고, 승려 10인을 두니 백제 불법의 시초였다. 그러나 신라는 눌지왕 대(417-458) 사문 묵호자가 고구려로부터 일선군에 이르러 모례의 집에 있다가 왕녀의 병을 고치고 곧바로 사라져 버렸다. 소지왕 대(479-500) 아도화상이 시자 세 명과 모례의 집에 왔는데 수년간 머물다가 죽자 그의 시자들이 경문과 율법을 강독하였다고 한다. 법흥왕 대(514-540)에 불교를 공인하려 하였으나 귀족들의 반대로 이루지 못하고 결국 이차돈이 순교를 하고 나서 진흥왕 5년(544)에야 흥륜사를 완성할 수 있었다. 따라서 가락국에서 질지왕 즉위년(452) 왕후사가 창건된 것이 사실이라면 신라보다 100년 정도 앞서서 사찰을 창건하였으며, 북방불교가 아니라 남방불교를 수용하였다는 이야기가 되는 것이다.

3. 국제결혼과 바다

김수로는 천강신화에서 볼 수 있듯이 다른 지역에서 온 외부세력이었다고 할 수 있다. 그는 토착세력의 대표인 9간들이 자기들의 딸

중에서 배필을 구할 것을 청하였으나 오히려 외부에서 바다를 건너온 허황옥을 맞이하여 왕후로 삼았다. 사실 김수로는 자기가 외래세력이었으므로 토착세력의 딸과 혼인하는 것이 왕권을 튼튼히 하는 데 유리하였을 것이다.

그러나 김수로는 가락국이 바닷가에 있으므로 새로운 해양세력이 필요하였기 때문에 머나먼 아유타국에서 바다를 건너온 허황옥을 신부로 맞아들인 것으로 추측된다. 물론 토착세력인 9간 중에도 바다와 관련된 해양세력이 있었지만 그것은 연안을 항해하는 정도의 세력에 불과하였다. 그러나 허황옥은 그 당시 선진국인 인도의 아유타국에서 대양을 항해할 수 있는 항해술을 가진 나라 왕의 딸이었던 것이다. 김수로는 연안의 해양세력이 아니라 대양의 해양세력을 선택한 것이다. 그리하여 선진된 문물을 배워 가락국이 국제적으로 발돋움할 수 있도록 소위 '국제결혼'을 한 것이다. 우리 고대사회의 개방성과 국제성을 보여 주는 호방한 대목이라고 할 수 있다.

김해 김씨 종친회는 아요디아^{Ayodhya}지역에 허황후 무덤을 조성하고 1년에 한 번씩 제사를 지내고 있다. 그리고 김해에 있는 허황후릉에는 인도정부에서 기념비를 세워 한국과 인도의 관계가 역사적으로 연원이 오래되었다는 것을 인증하고 있다. 일찍이 기원 전후부터 바다를 통해 한국과 인도가 교류를 하였다는 것을 강조하고 있는 것이다.

안타깝게도 우리는 중세사회가 되면서 중국문화의 영향으로 시각이 한반도로 축소되고, 대륙문화의 영향권에서 벗어나지 못하였다. 그러면서 토지에서 나오는 농업생산력을 중요한 경제적 기반으로 하였다. 농사를 짓는 것을 천하의 근본農者天下之大本으로 하면서 점차 바다를 소홀히 하였던 것이다. 그러다 근대사회가 되어 서세동점에 따라 피동적으로 개방되었으며, 이러한 변화에 제대로 대처하지 못하여 해양세력인 일제의 식민지로 전락한 것이다. 이제 21세기 글로벌시대를 맞이하여 우리는 바다로 나아가며 글로벌 코리아의 확장성을 보이고 있다. 김수로의 개방성과 국제성의 지혜를 거울삼아 '바다를 천하의 근본海者天下之大本'으로 인식을 바꾸어야 할 것이다. 한때 우리나라의 조선 산업이 활발한 모습을 보이다가 한진해운과 대우해양조선이 파산을 당하는 지경에 이르렀다. 육지도 중요하지만 21세기에는 바다가 중요하므로 바다로 나아가는 해양 강국의 지위를 다시 회복해야 선진국으로 도약할 수 있을 것이다.

4. 4국시대론

새 정부가 들어서서 가야사의 중요성을 언급하면서 4국시대론이 다시 주목을 받고 있다. 고구려와 백제 및 신라의 3국뿐만 아니라 가야를 포함하여 4국시대로 보아야 한다는 견해이다. 그러나 3국이 존재하던 시기에 가야만이 아니라 고구려의 북쪽에는 부여가 존재하였기 때문에 굳이 정확히 하려면 5국시대라고 해야 하는 것이다. 현재 『삼국사기』와 『삼국유사』가 남아 있어 일반적으로 3국시대라고

...... 수로왕릉　　　　　　　　　　...... 수로왕비릉

부른다. 부여는 기원전 3세기에 건국하여 494년에 망하였고, 가야
는 42년에 건국하여 금관가야는 532년, 대가야는 562년에 멸망하였
다. 기원전 37년에 건국하여 668년에 멸망한 고구려와 기원전 18년
에 건국하여 660년에 멸망한 백제는 신라와 함께 약 700년을 공존하
였다. 반면에 가야는 약 500년, 부여도 약 500년을 3국과 공존하였
기 때문에 3국시대를 굳이 확장하여 부른다면 5국시대로 보아야 한
다는 것이 손진태 선생의 견해이다.

　제3공화국부터 제5공화국까지 TK 정권의 정부에서는 신라사에
관심을 가져 왔다. 그러다 PK 정권인 김영삼정부에서는 가야사에
관심을 기울였다고 할 수 있다. 한편 호남과 호서의 연합정권인 김
대중정부에서는 백제와 마한에 대해 관심이 집중되었다고 할 수 있
다. 그러다 박근혜정부에서는 '신라왕경 핵심유적 복원사업' 등 다시
신라사에 대해 관심을 기울이다가 새 정부가 들어서서는 가야사에

다시 관심이 집중되고 있다.

1988년 총선 당시 개표 결과를 보다 텔레비전을 틀어 놓고 잠이 들었다가 새벽에 일어나 비몽사몽 간에 보니 민정당, 통합민주당, 평민당, 신민주공화당의 당선자들을 색깔별로 지도에 표시를 하였는데 마치 5세기 한반도 지도를 보는 것 같았다. 강원도와 경상북도는 민정당, 경상남도와 부산은 통합민주당, 호남지방은 평민당, 충청지방은 신민주공화당이 거의 모두 당선이 되었다. 이것은 5세기 신라, 가야, 백제, 마한의 영역과 거의 일치하고 있는 것이다. 다만 고구려의 옛 지역에는 북한이 자리 잡고 있어 새로운 5국시대를 연상시키고 있는 것이다. 정치 지도자나 유권자 모두 말로는 지역감정을 극복하자고 외치고 있지만 현실은 그러지 못한 것이 그 당시 지도상에 드러난 모습이었다. 30년이 지난 지금 전보다는 많이 나아지고 있기는 하지만 그동안 이미 길들여져 부지불식간에 과거의 역사를 현재의 정치에 투영하려는 관행을 아직 청산하지 못하고 있는 현실이 안타까울 뿐이다.

11장
......

이진아시와 정견모주

금관가야를 제외한 5가야의 시조들에 대한 신화는 『삼국사기』와 『삼국유사』에 남아 있지 않다. 다만 대가야의 시조에 대한 대가야 신화는 그 연혁이 편찬된 것은 없고 여기저기에 극히 단편적으로 산재되어 있을 따름이다. 대가야의 신화는 『신증 동국여지승람』에 전하고 있다. (이하 『승람』이라 하겠다.) 『승람』에 실린 신화에 대해 살펴보면 『삼국사기』 지리지 '고령군조'의 내용을 인용하고 있다. 고령군은 본래 대가야국으로 시조 이진아시왕^{伊珍阿豉王}부터 도설지왕^{道設智王}까지 16대 520여 년 동안 이어졌으며 진흥왕이 멸망시켜 대가야군으로 삼았다고 한다. 한편 주석에서는 최치원의 「석리정전^{釋利貞傳}」과 「석순응전^{釋順應傳}」을 인용하고 있다. 이들 기록을 보면 가야산의 산신 정

견모주政見母主가 천신인 이비가伊比加에 감응되어 대가야왕 뇌실주일腦室朱日과 금관국왕 뇌실청예腦室靑裔 두 사람을 낳았다고 한다. 이에 대해『승람』의 편찬자는 부정적인 반응을 보이고 있다. 뇌실주일은 이진아시왕의 별칭이고, 청예는 수로왕의 별칭인데, 가락국기의 여섯 개의 알에서 태어났다는 것은 모두 황탄하여 믿기 어렵다는 것이다. 『승람』의 편찬자는 유교적 합리주의에 의해 이 설화의 신이한 내용을 부정한 것이다. 그러나 신화적 관점에서 보면 시조 뇌실주일과 뇌실청예의 탄생설화는 천신과 산신의 교감을 보여 주고 있다.

1. 천신과 산신

여기서 천신은 남신이며, 산신은 여신으로 볼 수 있으며, 정견모 주政見母主라는 표현은 불교적인 용어로서 정견正見은 팔정도八正道 중의 하나이며, 모주母主는 성모에서 비롯한 것으로 해석할 수 있다. 또 이 설화를 천손강림의 패턴에서 이루어진 것으로 보고, 태양신의 분신 인 산신에 의해 국왕이 탄생하여 개국하는 시조 이진아시의 설화는 하늘의 자손에 의해 세상이 통치된다는 신탁을 반영한 것으로 볼 수 있다. 한편 그 근원을 가야산에 두고 있으므로 대가야를 중심으로 하는 신화이며, 천신족과 지신족의 결합을 기본요소로 하고 있다. 다만 건국신화의 내용에서 천신보다 산신이 적극적인 면을 보이고 있는 것을 볼 때 대가야의 건국은 천신족인 유이민집단보다 지신족 인 토착세력의 영향력이 더 강하였을 것으로 추측할 수 있다.

또한 5세기 후반의 상황을 염두에 두고 이 설화를 해석해 보면 역 사적인 의미를 추출해 낼 수 있다. 고령의 대가야 세력이 가야 초기 의 수장이었던 금관국 수로왕과 형제관계라는 것을 자칭하여 대가 야의 정통성을 내세우고, 주변 소국들을 통합하여 같은 가야로서 동 질감을 회복하고자 한 의도에서 만들어진 것으로 볼 수 있다. 그리 고 금관국 수로왕의 시조왕 대부터 형제관계를 거론하고 있는 것으 로 보아 대가야를 가야 지역 전체의 정통성을 계승하고자 표방한 것 으로 볼 수 있다.

『승람』과 「가락국기」 설화의 선후관계를 비교해 보면 가락국기의 난생신화보다 산신 감응신화가 더 앞선 것으로 볼 수 있다. 백제와 신라의 중간에서 강력한 가야연맹을 형성해 다른 6가야 형제국가 간의 유대를 공고히 하기 위해 이루어졌을 것이기 때문이다. 이 신화에서는 신라의 건국신화와 같이 성수^{聖水}에서 목욕함으로써 신성함을 획득하여 신성을 체득해 완성하는 불계제의^{祓禊祭儀}로 신을 맞이하는 영신의례가 행해지고 있는 것을 볼 수 있다. 가야연맹은 가락국기의 기록처럼 처음부터 6가야국이 연맹해 존재한 것이 아니라 말기에 와서 6가야가 형성된 것으로 보기도 한다. 하여튼 천신과 산신의 후손임을 강조해 지배계급의 위치를 확고히 하고자 하였다는 것을 알 수 있다. 이는 신부를 토착세력인 9간들의 딸들에서 취하지 않고 이역만리 바다를 건너온 해양세력인 허황옥을 받아들인 김수로왕의 경우와는 매우 다른 모습을 보이고 있는 것이다. 그런 면에서 금관국은 해양세력을 기반으로 교역활동에 중심을 두었다고 한다면, 대가야는 대륙세력을 기반으로 농경생활을 중심으로 하였다는 해석을 할 수 있는 것이다.

2. 고령 양전동 암각화

고령군 개진면 양전동에 있는 큰 바위에는 기하학적인 그림이 새겨져 있다. 고령의 동남과 서남쪽으로 흐르는 대가천과 안림천이 모이는 회천이 감도는 북쪽 강안의 암벽에 암각화가 새겨져 있다. 암각화의 왼쪽과 오른쪽으로는 절벽이 이어져 있는데, 알터 마을 입구 나지막한 바위면의 판판하고 매끈한 부분에 그림이 새겨져 있다. 지금은 앞에 평평한 대지가 조성되어 있으나 제방을 쌓기 전에는 바위 바로 아래까지 물이 흘렀다고 한다. 아마도 이 암각화는 바로 앞에서 많은 사람들이 모여 제사의례를 지낸 것이 아니라 특정한 몇몇 사람에 의하여 제의가 이루어졌을 것이다. 경남 울주에 있는 반구대 암각화의 경우 암각화 바로 앞에는 몇 사람밖에 자리할 수 없으나, 물 건너 맞은편에는 수백 명이 모여 있을 수 있는 공간이 있다. 몇 사람만이 암각화 바로 앞에서 제사의례를 거행하고, 맞은편에 있는 수많은 사람이 제사에 동참하여 이를 지켜보고 있는 것이다. 그리고 제관이 신탁神託의 내용을 참가한 이들에게 알리는데 바위를 보며 이야기를 하면 확성기 효과를 내어 울려서 큰 소리로 증폭되어 많은 사람이 그 내용을 들을 수가 있다. 천전리 암각화의 경우도 마찬가지이고, 양전동 암각화의 경우도 그러한 효과가 있으니 암각화의 현장에서 한번 실험해 보면 신기한 경험을 할 수 있을 것이다. 제관들이 비밀스런 의례秘儀를 먼저 행하고 나서 그 내용을 참가자들에게 알리는 공적 의례公儀를 행하는 것이다. 일본의 경우 결혼식을 할 때 먼저 신사神社에 가서 신관神官이 주관하는 비밀스런 의례秘儀를 거행하고, 호텔이나 레스토랑에서 많은 사람 앞에서 공적 의례를 행하는데 이를 피로연披露宴이라고 하는 것이다. 우리가 흔히 결혼식을 하고 피로연을 하는데 이 피로연은 일본의 결혼의례에서 많은 사람들 앞에서 부부가 되었음을 드러내어 놓고 공적으로 행하는 의례를 피로

…… 고령 양전동
암각화

…… 고령 양전동 암각화 세부1

…… 고령 양전동 암각화 세부2

연이라고 하는 데서 비롯된 것이다. 암각화의 경우 바위 바로 앞에 서는 비밀스런 비의를 거행하고, 물 건너 맞은편에 있는 사람들에게 신탁을 알리며 공적 의례를 거행하는 것이다. 그리고 뒷풀이로 음복을 하며 노래하고 춤추며 신을 즐겁게 하는 것이다.

마을 주민들은 이 마을을 알터라고 부르는데 천신과 산신이 교감하여 알을 낳은 곳이라 그렇게 부르고 있다고 한다. 언제부터 이렇게 불렀는지 알 수 없으나 대가야의 건국신화와 연관이 있어서 매우 흥미롭다. 바위에 새겨진 형태는 동심원, 십자형, 가면형 등이 있다. 동심원은 울주 천전리, 함안 도항리에서 발견된 바 있으며, 가면형은 영일 칠포리, 영천 보성리, 영주 가흥동, 남원 대곡리에서도 발견된 바가 있다. 바위면 곳곳에 사다리꼴 모양의 위쪽과 좌우에 털 같은 것을 직선으로 그렸으며, 사다리꼴 모양 안에는 십자형이라 할 수 있는 줄이 그어져 있다. 또한 이 줄을 중심으로 구멍이 대여섯 개 정도 파여져 있다. 그 모양이 칼자루 부분의 모양과 비슷하여 검파형이라고 부르기도 하고, 동물이나 사람의 가면 모양이라고 하여 가면형이라고 부르기도 하고, 결국 신의 모습을 형상화한 것이므로 신면형이라고도 한다.

동심원 무늬에 대해서는 그것이 태양을 상징한다고 보는 데 이견이 없다. 그리고 가면형은 지모신, 여신상으로 보거나 태양신을 숭배하는 사람들의 제사장면으로 보기도 한다. 그러나 태양을 상징하는 동심원을 새기고, 또 태양을 상징하는 신면을 새겼다는 것은 납득하기 어렵다. 이에 대한 해답은 앞서 살펴본 대가야의 건국신화에서 찾아볼 수 있다. 대가야의 건국은 산신과 천신의 결합에서 비롯하였다. 따라서 대가야인은 천신과 산신을 가장 중요한 신으로 인식하고 이에 대해 제사를 지냈을 것이다. 대가야가 건국된 것은 암각화가 조성되고 난 뒤의 일이지만 이 지역 사람들의 신앙대상은 바뀌지 않았을 것이며, 대가야 시기에도 여기서 각종 제의가 이루어졌을 것이다. 대가야가 건국 이전부터 이미 이 지역에서 천신과 산신이 숭배되어 왔던 것이다. 그들은 그들이 숭배하던 천신과 산신을 바위에 그려서 신상을 형상화하고 그 앞에서 제사의례를 지냈을 것이다. 바위에 새겨진 동심원이 태양 즉 천신을 형상화한 것이라면, 신면은 산신을 형상화한 것으로 볼 수 있다. 천신과 산신에 대한 숭배가 바위에 그림으로 반영된 것이 암각화라면, 이와 같은 이야기가 전해 내려온 것이 바로 대가야의 건국신화라고 하겠다. 그리고 이곳은 대가야의 발달과 함께 중심지가 이동되면서 종교와 신앙공간으로 계속 남아 소도蘇塗와 같은 곳이 되었을 것이다. 산들이 이어져 오다가 뚝 떨어져 마치 별봉別峰과 같은 곳에 암각화가 새겨져 있다. 소도는 종교적 신성공간으로 솟아 있는 지역이라는 의미로 '솟터'를 한자로 표기하였다는 견해가 있는데 이 지역이 바로 그러한 모습이라고 할 수 있다.

3. 고령 안화리 암각화

한편 양전동 암각화에서 약 3킬로미터 떨어진 회천의 지류인 안림천 상류의 천변에 안화리 암각화가 있다. 안림천이 고령분지로 흘러드는 하안에 독자적으로 솟아오른 구릉이 외딴 봉우리를 형성하고 있는데, 이 산 중턱의 안림천을 내려다보는 작은 암벽에 그림이 새겨져 있다. 그림은 쪼으기로 이루어졌으며, 모두 네 개가 새겨져 있다. 그리고 20여 년 전에 이 안화리 암각화를 조사하다가 그 주변

····· 고령 안화리 암각화 ····· 고령 안화리 암각화 탁본

에서 10여 개의 암각화를 새로 발견하였다. 1994년 새로 발견된 안화리 암각화를 조사하기 위해 당시 효성여대 대학원생들과 답사를 갔다가 같은 모티브의 암각화를 몇 개 더 추가로 발견하였다.

이곳에는 높이 2.8미터, 가로 1.2미터 정도의 바위 면에 그림이 새겨져 있는데 기존 발견된 바위의 위쪽과 옆쪽, 그리고 이곳에서 3미터 떨어진 바위에서 암각화가 새로 발견되었다. 그중 오른쪽 맨 위의 것은 고령 양전동 암각화의 신면과 거의 같은 형태이다. 모양은 가면형이고 위쪽과 옆쪽에 털 같은 것을 새겼으며, 목 부분을 U자형으로 하고 좌우로 획을 비껴서 내리그었다. 가운데에서 조금 아래 부분에 횡선을 긋고 위아래 각각 성혈을 새겼다. 맨 위쪽 것도 기본적으로 가면형인데, 털 모양이 위에만 새겨져 있고, 성혈이 위에 하나, 아래에는 두 개 새겨져 있다. 오른쪽 두 번째의 것은 윤곽선은 보이나 바위 면에 요철이 심해 확인하기 어렵다. 그 밑의 것도 왼쪽 종선과 밑쪽의 횡선은 확실하나 오른쪽 면이 떨어져 나갔고, 왼쪽 윗부분에 성혈이 세 개 새겨져 있다. 중앙의 왼쪽 것은 아랫부분의

삼국유사의 신화 이야기

윤곽선이 뚜렷하고 성혈이 세 개 보이지만 윗부분이 떨어져 나갔다.

맨 가운데 것은 가면형 문양과 동심원이 결합되어 있는 형태이다. 성혈이 원을 그리며 새겨져 있으나 선으로 연결되어 있지는 않다. 그러나 이러한 모양이 겹으로 새겨져 있으며 이를 연결시키면 원 모양을 이룬다. 또한 윗부분이 떨어져 나갔지만 그 윤곽을 확인할 수 있다. 이것을 통해 이미 발견된 안화리의 것도 가면형과 동심원이 결합된 것으로 볼 수 있다. 양전동 암각화는 가면형과 동심원 문양이 각각 새겨져 있으나 여기서는 결합되어 있는 것이 특징이다. 그러나 동심원 문양과 가면형 문양이 함께 새겨져 있다는 점에서 양전동 암각화의 것과 마찬가지라고 하겠다. 이제까지 우리나라에서 발견된 30여 곳의 암각화 중에서 가면형과 동심원이 함께 나타나는 것은 고령에서만 볼 수 있는 특징이라고 하겠다.

건국신화와 시조신화에서 산신이 적극적으로 중심적 역할을 하여 천신에 감응된 신화는 대가야 신화뿐이므로 고령의 암각화의 동심원은 천신, 가면형은 산신이라는 해석을 할 수가 있는 것이다. 이를 통해서 신화와 제의가 밀접하게 연관되어 전승되고 있다는 사실을 구체적으로 확인할 수 있는 것이다.

12장

문무왕과 신문왕

　신라의 문무왕은 부왕인 태종 무열왕 대에 김유신 장군과 함께 백제를 멸망시키는 데 중추적 역할을 하였으며, 왕위에 오른 뒤에는 고구려를 멸망시켜 삼국통일을 이룩하였다. 더구나 당나라가 백제 옛 지역에 웅진도독부를 설치하고, 고구려의 옛 지역에 안동도호부를 설치하자, 당나라와 전쟁을 벌여 당나라 군대를 대동강과 원산만을 잇는 이북 지역으로 몰아내어 한반도 이남의 지역을 통일시켰다. 이는 우리 역사상 최초의 통일이라고 할 수 있으며, 삼국의 문화를 하나로 융합시켜 한국 전통문화의 전형을 이룩한 역사적 의의를 지닌 대사건이라고 할 수 있다.

　100여 년간의 삼국 항쟁 속에서 신라가 660년 백제를 멸망시키고,

668년 고구려를 멸망시키고, 676년에는 당나라를 한반도에서 몰아내어 한반도의 통일을 이룩한 것이다. 698년 발해가 건국된 후부터는 남북국시대라고 부르지만 신라는 668년에서 698년 사이에 삼국의 유일한 왕조였으며, 대동강과 원산만을 잇는 이남의 한반도 지역을 통일시켰으므로 통일신라라고 할 수 있는 것이다. 그러나 신라의 통일은 고구려의 옛 지역을 모두 차지하지 못하였기 때문에 제한적이며, 당나라와 연합하여 외세 의존적 통일이라고 비판하고 있다. 그것은 통일의 한계라고 지적할 수 있지만 삼국 통일을 이루었다는 역사적 사실을 부정할 수는 없는 것이다.

김부식이 편찬한『삼국사기』는 모두 50권으로 이루어져 있으며, 그중 신라본기가 12권으로 편찬되어 있는데 문무왕은 다른 왕들과 달리 유일하게 권6과 권7의 두 권의 분량으로 구성되어 있다. 또한 일연선사가 편찬한『삼국유사』의 구성을 보면 권1의 기이편과 권2의 기이편이 구분되는 지점에 '문호왕 법민조'가 자리잡고 있다. 이와 같이『삼국사기』와『삼국유사』모두 삼국통일을 이룩한 문무왕대를 기점으로 이전의 신라와 이후의 통일신라를 구분하고 있는 것이다.

1. 문무왕의 역사적 의의

문무왕은 신라 30대 왕으로 이름은 법민이며, 아버지는 신라 29대 태종무열왕이고, 어머니는 김서현의 딸이자, 태대각간 김유신의 막내 누이인 혼제부인이다. 문무왕의 왕비는 선품 해간의 딸인 자의왕후로 자눌 또는 자의라고 쓰기도 한다. 문무대왕 법민은 영특하고 총명하여 지략이 많았다고 한다. 진덕왕 4년(650)에 당나라에 사신으로 파견되어 왕이 지은 태평송을 바쳤는데, 이때 당나라 고종으로부터 태부경의 관작을 수여받았다. 한편 태종무열왕 원년(655)에는 파진찬으로서 병부령의 지위에 올랐다가 태자가 되었다. 태종무열왕 6년(660) 나당연합군이 백제를 평정할 때 종군하여 큰 공을 세웠다. 태종무열왕 7년(661) 신라가 백제 부흥군과의 전쟁이 한창이던 시기에 태종무열왕이 세상을 떠나자 그를 이어 왕위를 계승하였으니 바로 신라 30대 문무왕이다.

문무왕이 재위한 21년간은 백제 부흥군이 일어나고, 고구려 및 당나라와의 전쟁이 그치지 않았다. 문무왕 3년(663)에는 왕이 몸소 병사들을 거느리고 백제부흥군의 근거지였던 주류성을 함락시켜 부흥운동을 종식시켰으며, 문무왕 8년(668)에는 당나라 군대와 합세하여 고구려를 멸망시켰다. 그러나 당나라가 백제와 고구려의 옛 땅에 도호부를 설치하여 직접 지배의 야욕을 드러내자 이에 맞서 나당전쟁을 벌이기도 하였다. 『삼국유사』 '문호왕 법민조'의 기록에 따르면 신라와 당나라의 전쟁 중에 각간 김천존에 의해 추천된 명랑법사가 사천왕사를 짓고, 문두루비법을 써서 당나라 군대를 물리쳤다고 한다. 또한 『삼국유사』 '명랑신인조'에는 고구려와 백제를 멸망시킨 당나라의 고종이 신라를 치려 하자, 문무왕이 이것을 듣고, 명랑법사에게 비법을 써서 물리쳐 줄 것을 청하였다는 기록이 전한다. 수년간

...... 대왕암   ...... 이견대

의 전쟁 끝에 문무왕 16년(676) 당나라가 평양에 설치했던 안동도호
부를 요동성으로 옮김으로써 나당전쟁이 끝이 났고, 신라는 대동강
에서 원산만 이남의 영토에 대한 지배권을 장악하게 되었다.

　문무왕 대의 신라는 내부적으로 태종 무열왕으로부터 수립된 중
대 왕권의 기틀이 공고화되는 시기이기도 하였다. 김춘추는 태종 무
열왕으로 즉위하기 이전부터 한화정책을 적극적으로 수용하고, 김
유신 및 측근 왕자들을 중용하여 그의 세력 기반을 강화하였을 뿐
아니라 제도를 정비하는 등 율령체제를 공고히 하는 작업도 병행하
였다. 아울러 새로운 질서 수립에 장해가 되는 귀족세력들을 전쟁
을 이용하여 제거하는 등 왕권의 기틀을 마련하고자 하였는데 이러
한 노력은 문무왕대에도 계속되었다. 문무왕은 이를 위해 진골귀족
들의 군사적 기반 박탈과 관료적 질서의 확립이라는 두 가지 방향에
서 왕권강화를 추진하였다. 먼저 문무왕은 통일전쟁의 수행 과정에

서 자신을 반대하는 진골세력들을 군사적인 이유로 제거하였다. 또한 진골귀족들의 정치적 소외를 불러왔고, 이로 말미암아 발생한 불만은 이후 신문왕 대에 들어 진골귀족들과 무열왕계의 충돌로 표출되게 된다. 문무왕은 재위 21년째 되는 해인 681년 7월 1일에 사망하였는데, 『삼국유사』 왕력편에 따르면 왕의 능이 "감은사 동쪽 바다 가운데에 있다"라고 하였다.

문무왕의 능에 대해서는 『삼국유사』 권2 기이편 2 '문호왕 법민조'와 '만파식적조'에도 나타나 있다. '문호왕 법민조'에서는 문무왕이 죽어서 호국 대룡이 되어 나라를 수호하고자 동해 중의 큰 바위 위에 제사를 지냈다고 하였으며, '만파식적조'에서는 문무왕을 위해 동해변에 감은사를 지었다고 하였다. 이것은 모두 『삼국유사』 왕력편의 기록을 달리 서술한 것인 듯하다. 현재 학계에서는 오늘날의 경주시 감포읍의 대왕암을 문무왕릉으로 인식하는 것이 일반적이다.

2. 만파식적 설화

『삼국유사』 권2 기이편 '만파식적조'에는 만파식적과 이견대에 대한 설화가 기록되어 있다.

> "신문왕이 부왕 문무왕을 위하여 동해변에 감은사를 지었는데 해관이 동해 안에 작은 산이 감은사로 향하여 온다고 하여 일관

으로 하여금 점을 쳐 보니, 해룡이 된 문무왕과 천신이 된 김유신 장군이 수성의 보배를 주려고 하니 받으라 하였다. 이견대로 가서 보니 산의 모습이 거북 머리 같았고 그 위에 대나무가 있었는데, 낮에는 둘로 나뉘고, 밤에는 하나로 합쳐졌다. 풍우가 일어난 지 9일이 지나 왕이 그 산에 들어가니 용이 그 대나무로 피리를 만들면 천하가 태평해질 것이라 하여 그것을 가지고 나와 피리를 만들었다. 나라에 근심이 생길 때 이 피리를 불면 평온해져서 만파식적이라 불렀다."

만파식적 설화에 대해서는 다양한 측면에서 연구가 이루어졌다. 종교적인 측면에서 접근하여 이 설화를 불교설화로 보고, 통일 완성에 대한 감사와 통일 후의 태평구가 및 안일에 빠지지 않게 하기 위한 경계, 태평성대를 가져다준 성왕(문무왕)과 성신(김유신)의 무한한 권능과 위덕을 숭봉하고 기리는 찬송 등을 담은 글로 본 연구가 있다. 이 연구는 문무대왕의 호국 용과 김유신 장군의 호국 천신에 관심을 집중하여 호국불교사상과 호국 용 사상을 연결시켜 호국의 두 성인聖人 사상을 강조하였다.

민속학적 측면에서 살펴본 연구에 따르면 『삼국유사』 '만파식적 조'에서 대나무가 합하여 하나가 되고 천지가 진동하여 비바람이 몰아쳐 7일 동안 어두웠다는 기록을 근거로, 당시 이 지방의 기상 변동이 심하였다고 보고, 기상 변동의 소리인 '거랑 끓는 소리(비 오기 전에 들리는 소리)'를 만파식적 설화의 원형으로 파악하였다.

문학적 측면에서 만파식적 설화를 신라 호국불교사상의 전개로서 호국적 신화에 대한 신앙이 드러난 설화로 본 연구가 있다. 이 연구는 신라의 불교설화를 고찰한 가운데 만파식적 설화와『고려사』소재의 '이견대가利見臺歌'와의 관계를 분석하였다. 이견대가는 신라 왕 부자가 상봉한 후 이를 기뻐하여 지어 불렀다는 노래인데, 이 두 가지 설화 모두 해룡에 얽힌 호국설화로 삼국을 통일한 신라에 왜구에 대한 호국이 새로운 관심사로 제기되고 있음을 시사해 준다고 보았다.

그리고 미술사가의 관점에서 만파식적을 신라 범종의 특징인 음통에 비견한 견해가 있다. 이에 따르면 만파식적 설화에서 나타나듯이 만파식적은 대나무로 만들었기 때문에 그 형태가 둥글고 속이 비었으며 마디가 있었을 것으로 추정하였다. 이와 같은 형태가 그대로 신라종의 원통과 같은 형상을 지니고 있다는 것이다. 또한 만파식적 설화가 성립되던 시기에 신라종의 특수양식이 창안된 것으로 보아, 신라인의 삼국통일 호국의지와 자신감이 만파식적 설화와 그것의 조형적인 음통으로 표출된 것으로 보았다.

역사적 측면에서 만파식적 설화가 형성된 정치 사회적 배경과 그 의미에 대해 살펴본 연구가 있다. 이에 따르면 만파식적 설화는 김흠돌의 난(682) 등으로 불거진 무열왕권에 대한 반대세력을 제거하고, 신라 중대 무열왕권을 확립하기 위하여 유교 정치이념과 예악사상을 도입하여 무열왕권의 정당화 및 중대 전제적 왕권을 확립해 나가던 당시의 상황을 담은 것으로 파악하였다 그리고 신라에는 이미 호국의 기능을 가진 삼보(천사옥대, 황룡사장륙존상, 황룡사구층탑)가 있었지만, 이는 중고기 성골 왕실의 상징적인 보배였다. 이 때문에 신라 삼보를 대체할 만한 새로운 보배의 기능을 하는 만파식적을 통해 무열왕권의 정당성과 신빙성을 높이고 지배층의 권력기반을 확고히 하기 위해 만파식적 설화를 만들었던 것으로 보았다. 하지만 이와는 달리 신라 중고기의 삼보와 중대의 삼보(만파식적, 흑옥대, 현금)를 나누는 것은 의미가 없다고 보는 견해도 있다. 즉 신라 하대가 되어도 중고기의 천사옥대와 중대의 만파식적이 함께 왕권의 상징으로 등장하므로 이는 곧 중고기의 보물과 중대의 보물을 함께 중요시한 것으로 볼 수 있다는 것이다.

한편 만파식적 설화를 신화적 관점에서 접근한 연구들이 있다. 우선 만파식적 설화는 신문왕의 성물聖物 획득을 목표로 하는 신비체험의 종교적 입사식을 나타낸다고 본 연구가 있다. 이것은 신문왕이 신화적 상황에서 용신과 접견하는 것을 신비체험 혹은 무당들의 성무成巫과정으로 파악한 것이다. 이 외에도 만파식적 설화의 내용을 제의적 절차로 본 견해가 있다. 신문왕이 제의 공간인 대왕암에서 제의를 통하여 신적 존재인 용을 만나고, 용으로부터 세계의 질서를 운용할 수 있는 권위를 갖게 된다는 것을 전하기 위한 설화로 본 것이다. 지금도 대왕암에 가 보면 많은 무당들이 굿을 행하는 것을 볼 수 있으며, 스님들이 신도들과 함께 용왕님께 방생재를 지내는 것을 흔히 볼 수 있다.

이 밖에 만파식적 설화에서 건국신화적인 성격을 찾을 수 있다고 보는 연구가 있다. 이에 따르면 만파식적 설화는 통일신라 건국의 의미를 담고 있으며, 문무대왕의 신성성을 확인하는 신화이자 동시에 만파식적으로 상징되는 국가 안녕과 새로운 통치이념을 제시하는 신화로서 의미가 있다고 보았다. 다만 이 설화는 새로운 통일국가의 안녕을 기원할 뿐 새롭게 국가의 구성원이 된 백제나 고구려의 유민들을 통합할 수 있는 새로운 사회적 질서체제는 제시하지 못하였으므로 일정한 한계가 있다고 보았다.

『삼국사기』의 권6은 문무왕 10년(670) 12월조에서 끝나고, 권7은 문무왕 11년(671)에서 시작된다. '문무왕 10년 12월조'의 내용은 다음과 같다.

> "12월 토성이 달에 들어가고, 경도에 지진이 있었다. 중시中侍 지경이 물러났다. 왜국이 국호를 일본日本으로 고쳤는데 스스로 해가 뜨는 가까운 곳이므로 이름하였다고 한다. 한성주 총관 수세가 백제국을 취하여 모반을 꾀하다 발각되어 대아찬 진주를 보내어 죽였다."

천재지변이 일어나 책임을 지고 중시 지경이 물러났으며, 왜국이 일본으로 국호를 바꾸어 새로운 나라로 나가는 것을 천명하였다는 것과 한성주 총관이 반란을 도모하여 이를 진압하였다는 기사들은 매우 의미가 심장한 것이라 하겠다. 문무왕은 태자 시절 백제를 멸망시키는 데 공헌을 하였으며, 왕으로 재위할 때는 고구려를 멸망시키고, 당나라를 한반도에서 몰아내어 삼국 통일을 이룩하였다. 그러나 내부적으로 체제를 정비해야 하는 상황이었으며, 옛 백제 지역을 행정적으로 통치해야 하는 과제를 안고 있었다. 또한 체제 안정을 통하여 고구려를 정벌하는 것이 가장 중요한 과제였을 것이다. 그리고 국제 정세상 문무왕이 더욱 신경을 써야 했던 것은 백제의 유민들이 대거 망명한 일본에 대한 움직임이었을 것이다. 더구나 고구려를 정벌하고, 당나라를 한반도에서 몰아내고 나서 가장 촉각을 세워야 할 곳은 일본이었다. 왜국은 백제국의 지식인들과 기술자들이 대거 망명하여 새로운 엘리트들을 확보해 새로운 나라인 일본을 건설하고 있었기 때문이었다. 그러나 신라의 지배층들은 전리품에 대한 배분 문제로 갈등을 겪고 있었으며, 모처럼의 태평성대를 맞이하여 안일하고 호화로운 생활을 즐기고 있었다.

3. 문무왕의 화장

문무대왕은 자신이 사망하고 나서 이후의 신라인들에게 경각심을 주기 위해 화장을 하고 그 유골 가루를 대왕암에 뿌려 왕과 신하들이 일본에 대한 경계를 늦추지 않도록 조치를 하였다. 화장을 하여 유골을 담는 골호는 7세기에 나타나고 있다. 불교는 5세기 신라에 전래되어 6세기에 공인되었지만 화장을 한 것은 7세기에 이르러서이다. 새로운 종교가 들어와 생활화하는 데는 많은 시간이 걸렸다는

...... 감은사지 금당터

것을 알 수 있다. 불교가 전래되어 왕실과 귀족들이 믿고 나서 서민들에게까지 자리 잡으려면 시간이 필요한 것이다. 더구나 묘장과 같은 제도는 가장 보수적이므로 더 많은 시간을 필요로 하는 것이다. 그런데 왜 7세기에 화장이 유행하게 되었을까 하는 데는 또 다른 이유가 있었다고 생각한다. 7세기 고구려와 백제 및 신라는 대규모 전쟁을 치렀으며, 이런 과정에서 많은 전사자들이 속출하였다. 따라서 이렇게 많은 전사자들을 일일이 매장하기는 어려웠을 것이다. 따라서 불교의 장법인 화장이 이루어지고, 전장에서 많은 세월을 보내고, 수많은 부하들을 화장시킨 문무왕은 자기 자신도 화장을 하도록 하였던 것이다.

"대왕이 나라를 다스린 지 21년째인 영융 2년 신사(681)에 세상을 떠났는데, 유언에 따라 동해의 큰 바위 위에 장사를 지냈다. 왕은 평시에 지의법사에게 항상 말하기를 '짐은 죽은 후 호국 대룡이 되어 불법을 받들어 나라를 지키려 하오'라고 말하자 법사가 아뢰기를 '용은 짐승의 응보이니 어찌합니까' 하였다 왕이 말하기를 '나는 세간의 영화를 버린 지가 오래이니 추한 응보로 짐승이

…… 감은사지 동서삼층석탑

된다면 이는 내가 바라는 바이오'라고 하였다."

　신라가 마지막 경계 대상인 일본에 대한 경각심을 잃지 않도록 자신의 무덤을 동해 입구인 대왕암에 둠으로써 신라의 왕과 귀족들이 선왕의 제사를 여기서 지내도록 하여 사시사철 일본에 대한 경각심을 늦추지 않도록 한 것이다. 결국 호국 대룡이 되어 태종 무열왕과 김유신 장군이 가져다준 만파식적을 통해 새로운 신라 즉 통일신라를 상징하는 랜드마크인 감은사탑이 완성되게 된 것이다. 신라 중고기의 상징이 황룡사탑이라고 한다면 중대의 상징은 대왕암과 감은사탑이라고 할 수 있다. 신화학적인 관점에서 볼 때 여기서 천강신화나 난생신화가 아닌 용과 관련된 신화가 나타나는 것은 이전의 고대신화와 다른 점이라 하겠다. 이것은 중국문화의 영향이라고도 할 수 있는데 이러한 용과 관련된 신화는 견훤池龍과 왕건蛟龍의 경우에도 나타나며, 용비어천가에도 나타나고 있다. 따라서 천강신화나 난생신화로 대표되는 고대신화에서 용과 관련된 중세신화로 변화하는 것을 볼 수 있는 것이다.

4. 문무왕 관련 문화유산

문무왕의 삼국통일과 일본에 대한 호국의지를 보인 대왕암과 이를 기리기 위한 감은사와 이견대를 문화유산으로서뿐만 아니라 관광자원화하는 것은 매우 의미가 있다고 할 수 있다. 그러나 문화유산을 관광자원화하는 것은 진정성에 근거할 때, 지속적 활용이 가능하다. 우리는 부여의 '백제문화재현단지'의 사례를 타산지석으로 삼아 진정성을 도외시한 채 관광자원화하였을 때 오래 가지 못한다는 것을 알아야 한다. 그리고 문화유산 주변의 환경을 적극 활용하는 전략이 필요하다고 생각한다. 예컨대 만파식적 설화에 나타나는 대나무 숲을 조성해 그 당시 상황을 상상하게 하고, 힐링할 수 있는 공간을 마련한다면 한 번 오는 것으로 그치는 것이 아니라 여러 번 찾을 수 있는 관광자원이 될 수 있을 것이다. 앞으로의 관광사업은 문화유산과 자연을 파괴하는 것이 아니라 그것을 잘 살리고 자연환경

자원을 활용하여야 하는 것이다

또한 미래의 관광 개발 사업은 하드웨어인 시설 중심에서 소프트웨어인 프로그램과 문화콘텐츠 중심으로 바뀌어야 한다. 따라서 계획 중인 실경뮤지컬 개발과 공연, 해양역사문화관 건립은 적절하다고 할 수 있다. 아울러 문무대왕과 신문왕 대 관련된 유적을 상호 연결시켜 스토리텔링화하는 것이 필요하다. 문무대왕을 화장한 곳으로는 능지탑지와 사천왕사지 등이 추정되고 있는데 능지탑은 화장 의례 성소로, 사천왕사는 당나라를 물리친 호국 사찰의 의미로 부각시켜야할 것이다. 또한 대왕의 원찰인 감은사와 용이 나타나 옥대와 만파식적을 바친 이견대, 그리고 대왕암을 연결시켜 호국 대장정 프로그램을 만드는 소프트웨어 개발도 병행해야 할 것이다. 그 사이에 기림사와 용연을 들러 휴식하고 신라의 전통 무예를 배우는 체험프로그램도 곁들이면 금상첨화일 것이다. 한편 석굴암 부처님이 바라보는 방향이 동남방 동해구東海口 수중릉이며, 경덕왕의 선왕 효성왕도 이 동해구에서 뼈를 뿌렸으므로 이를 연결시키는 연계프로그램도 개발하면 불국사와 석굴암을 찾는 관광객들을 동해구까지 유치할 수 있을 것이다. 또한 북형산성과 관문성

…… 경주 능지탑

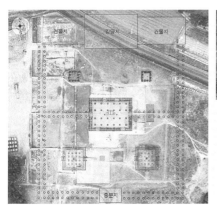

······ 사천왕사지 유적과 유물

······ 기림사 대적광전

이 왜적을 방호하기 위해 축성한 것이므로 대왕암과 연결시켜 호국 관광 프로그램을 개발해 보는 것도 시도해 볼 만하다.

무엇보다도 현재 조성 중인 '감포해양관광단지'와 연계를 하여 역사와 문화가 함께하는 동해안 해양 레크레이션 활동의 중심으로 발전시키는 것이 중요하다. 문화재청이 추진하는 문무대왕 성역화사업, 감포 적산가옥 관광자원화, 생활문화체험센터와 신관광동력문화지원사업 등과 연계한다면 동해안 해양문화 관광단지로 발전할 수 있을 것이다. 특히 감포 개항 100주년을 맞이하여 연안 크루즈 산업을 유치한다면 국내 관광객뿐만 아니라 외국 관광객들에게 문무왕의 삼국통일과 호국의 문화유산을 보여 주어 한국의 역사와 문화를 알리는 효과도 얻을 수 있을 것이다.

문무왕은 백제와 고구려를 멸망시키고, 당나라를 한반도에서 몰아내어 한반도 최초의 통일을 이룩하여 한국사에 있어 큰 역사적 족적을 남긴 영웅이다. 더구나 죽어서도 나라를 위해 호국의 용이 되어 후손들이 경계를 게을리할까 걱정이 되어 바다 한가운데 왕릉을 마련하여 사시로 제사를 지내게 하여 일본에 대한 경각심을 잃지 않도록 하였다.

아들인 신문왕은 부왕인 문무왕이 이루지 못한 감은사를 완성하고, 이견대에서 옥대와 만파식적을 얻어 중대 왕실의 상징인 감은사 탑을 완성하였다. 만파식적 설화는 통일신라가 이전의 신라와 다르다는 건국신화적 의미를 가지고 있다고 할 수 있다. 따라서 대왕암을 비롯한 문무대왕과 관련된 문화유산을 보호하고, 활용하는 것은 중요하다고 할 수 있다.

　그런 면에서 문무왕 해양 문화사업은 바람직하다고 할 수 있으며, 진정성을 바탕으로 하드웨어인 시설뿐만 아니라 소프트웨어인 문화 콘텐츠와 프로그램을 개발하여 지속적으로 관광자원화하여야 할 것이다. 또한 청소년들이 신화의 현장을 돌면서 삼국통일의 의지를 느끼도록 하는 것도 중요하다고 할 수 있다.

13장
대조영과 걸사비우

발해는 698년 만주지역에서 건국되어 신라와 더불어 '남북국'으로 불리는 나라이다. 과거에는 신라의 통일이 강조되어 발해는 한국사에서 소외되거나 '통일신라와 발해'라는 표현에서 나타나듯이 한국사에 있어서 어정쩡한 위치에 있었다. 그 이유는 여러 가지가 있으나 발해인들이 남긴 문헌기록이 별로 남아 있지 않기 때문이라 하겠다. 이와 같이 발해에 관한 기록은 아주 빈약하며, 특히 발해의 건국신화는 남아 있지 않다. 그러나 한국 사서, 중국 사서, 일본 사서에 발해에 대한 단편적인 기록이 남아 있으므로 이를 통해 건국과정과 발해의 역사적 정체성에 대해 살펴보기로 하겠다.

1. 발해의 건국과정

『삼국유사』 말갈 발해조에 『통전』을 인용하여 발해의 건국과 관련된 내용을 서술하고 있다.

> "『통전』에 이르길, 발해는 본래 속말말갈로 추장 조영에 이르러 나라를 세워 스스로 진단이라 불렀고, 선천(712-713)에 비로소 말갈이라는 이름을 버리고 오직 발해로만 불렀다. 개원 7년(719)에 조영이 죽으니 시호를 고왕이라 하였고, 세자가 왕위를 이어받자 명황이 그를 책봉하여 왕위를 잇게 하였는데 사사로이 연호를 고치고 마침내 해동성국이 되었다. 그 땅에는 5경 15부 62주가 있었다. 후당의 천성(926-929) 초에 거란이 이를 공격하여 깨뜨리니 그 후에는 거란에 의해 지배되었다."

건국 초기에는 말갈이나 진단으로 불리다가 대조영이 사망하고 나서 발해로 국호가 변경되었다는 것을 알 수 있다. 『구당서』와 『신당서』를 보면 고구려 멸망 후 30년이 지난 696년 요서 지방에서 일어난 거란족 이진충의 난을 계기로 대조영의 아버지라고 하는 걸걸중상과 말갈족의 걸사비우 등이 당나라에 반기를 들었고, 그 뒤를 이은 대조영이 천문령을 넘어 동모산에서 발해를 건국하였다. 발해의 역사는 10대 선왕 대인수(818-830) 시기를 전후하여 2시기로 구분할 수 있다. 전기는 다시 2기로 구분되는데, 건국자 대조영으로부터

2대 무왕(719-737), 3대 문왕(737-793)까지는 발전기로, 무왕대와 문왕대에는 국가 통치 체제를 정비하고 주변의 여러 부락을 복속시키면서 영토를 크게 넓혔고, 당나라로부터 '발해국왕渤海國王'이라는 책봉호를 받았다. 4대 폐왕(793)부터 9대 간왕(817-818)까지는 내분기로 여러 왕이 즉위하자마자 곧 사망한 것으로 되어 있다. 이는 당시 발해의 귀족들이었던 '국인國人'들의 권력쟁탈전이 빈번하였기 때문이다. 한편 후기 역시 2기로 구분되는데, 10대 선왕부터 14대 대위해(894-906)까지는 중흥기로, 13대 대현석(871-894)대에는 가장 넓은 영토를 획득해 '해동성국海東盛國'이라는 칭호를 듣기도 하였다. 그러나 15대 대인선(906-926) 대에 거란족의 침략을 받고 926년 멸망하였다.

대조영의 출자에 대해서는 『구당서』 '발해말갈조'와 『신당서』 '발해조' 등이 서로 다른 기록을 전하고 있다. 『구당서』에는 "발해말갈의 대조영은 본래 고려별종이다"라고 하였으나, 『신당서』에서는 "발해는 본래 속말말갈로서 고려에 붙어 있던 자이니, 성은 대씨이다"라고 하였다. 이와 같이 대조영의 출신에 대해 『구당서』와 『신당서』의 서술이 다르게 기록되어 있다. 『구당서』의 고려 별종을 고구려계로 해석하여 대조영을 고구려 유민으로 간주하는 견해는 주로 한국 학자들이 지지하고 있으며, 『신당서』의 속말말갈로서 고려에 부용하였던 인물로 대조영을 보는 견해는 주로 중국 측 학자들이 지지하고 있다. 한편 『구당서』와 『신당서』의 기록을 상호 보완적으로 해석하는 절충적인 입장도 존재한다.

대조영 집단은 고구려 멸망 후 영주로 옮겼다가 696년 거란족 이

······ 중국 길림성 돈화시 동모산 전경　　　　······ 동모산 성산자산성 문지

진충이 영주도독 조문해를 죽이면서 일어난 반란을 계기로 탈출하였다. 추격해 오던 당나라 이해고의 공격을 천문령에서 물리친 후 동쪽으로 이동하여 동모산에서 발해를 건국하였다. 동모산의 위치는 길림시에서 연변 조선족 자치주로 가다가 연길시에 못 미쳐서 있는 돈화시 성산자산성이 있는 곳으로 보고 있다. 2017년 여름 대학원생들과 함께 부여와 발해의 유적지 답사를 하였는데 길림시에서 돈화시까지 버스로 대여섯 시간이 걸렸다. 대조영이 영주로부터 동모산까지 말을 타고 오려면 최소한 며칠은 걸렸을 것이며, 그 부하들은 걸어서 왔을 것이니 최소한 수십 일은 걸린 대장정이 아닐 수 없다. 대조영은 당나라로부터 좌효위원외대장군 발해군왕 홀한주대도독으로 인정받았으며, 719년 그가 사망하자 시호를 고왕으로 정하였으며, 아들 대무예가 왕위에 올라 무왕이 되었다.

발해는 10대 선왕 대인수 시기(818-830)에 중흥을 이룩하여 중국으로부터 해동성국海東盛國이라는 칭호를 얻었다. 『신당서』발해전에도 역시 발해를 중국인들이 해동성국이라고 불렀다고 되어 있다. 선왕은 대조영의 동생 대야발의 4세손으로 이전까지는 대조영의 직계손으로 왕위가 이어지다가 이때부터 그의 동생인 대야발의 후손으로 바뀌게 되었다. 선왕은 818년 간왕(817-818)을 이어 왕위에 올라 연호를 건흥이라 하였고, 대내외적으로 새로운 정책을 시도하였다. 선왕은 즉위 초인 818년과 820년에 당나라에 사신을 파견하여 금자광록대부 검교사공으로 책봉을 받았으며, 매년 당나라에 사신을 파견하여 안정된 대당관계를 강화해 나갔다. 이러한 선왕의 적극적인 대당외교는 발해가 대외적으로 팽창할 수 있는 중요한 기반을 마련해 주었다. 또한 선왕 대에는 요동 지역과 북쪽의 여러 말갈, 신라에 대한 정복활동이 활발하게 이루어졌다. 요동 지역에는 당시 안사의 난(755-763) 이후 독자적인 소국을 형성한 소고구려국이 존재하였지만 선왕은 이를 병합하여 장령현을 설치하였다. 또한 북쪽의 여러 말갈에 대한 복속을 단계적으로 전개하여 불열, 철리, 우루, 월희, 흑수에 대한 지배권을 확보하였다. 그리고 선왕 원년(818)에서 3년(820) 사이에는 신라에 대한 적극적인 남진정책을 실시하기도 하였다.

이와 같이 발해의 대외 정복활동은 선왕 대에 활발하게 전개되었고, 그 결과 사방의 경계가 이 무렵에 완성되어 『신당서』발해조에 보이는 5경 15부 62주의 행정구역이 완비되었다. 따라서 이때에 이르러 대동강과 니하를 경계로 신라와 국경선을 맞대게 되었다. 또한 선왕 대에 대일본관계 역시 적극적인 모습을 보이는데, 재위 12년

동안 일본에 다섯 차례나 사신을 파견하였다. 이러한 선왕의 적극적인 중흥 노력에 힘입어 그다음에 즉위한 11대 대이진(831-857), 12대 대건황(857-871), 13대 대현석(871-894)에 이르기까지 발해는 크게 융성하게 되고, 마침내 중국으로부터 해동성국이라는 칭호를 얻게 되었다.

2. 발해의 민족적 정체성

발해의 민족적 정체성에 대해서 한국과 중국 및 일본 그리고 러시아 학계의 연구는 아주 다른 시각을 나타내고 있다. 한국학계에서는 대체로 발해를 한국사의 체계 속에서 이해하고, 통일신라와 함께 남북국시대라고 부르고 있다. 대조영의 출자가 고구려의 별종 즉 후예라는 중국의 사서인『구당서』내용을 따르고 있는 것이다. 또한『속일본기』를 보면 발해에서 일본에 간 사신들의 명단이 남았는데 대大씨나 고高씨 성을 가진 이들이 많아 지배층은 고구려인이라는 것이다. 따라서 발해의 지배층은 고구려인이고, 피지배층은 말갈인이라는 시라토리白鳥庫吉의 견해가 통설이라고 할 수 있다. 한국이나 일본의 학자들이 이 견해를 대부분 받아들여 발해의 역사를 한국사의 일부분이라고 하는 주장을 하고 있다.

그러나 사실 이러한 견해는 많은 문제점을 드러내고 있다. 고구려가 멸망한 것이 668년이고, 발해가 건국된 것이 698년이므로 그

30년 사이에 민족의 대이동이 없었다면 고구려의 지배층도 고구려인이고, 피지배층은 말갈인이라는 것을 인정하게 되는 것이다. 그러나 고구려의 지배층은 물론 피지배층 대부분은 고구려인들이었다. 물론 당나라로 몇만 명이 붙잡혀 갔으며, 신라로 몇만 명이 이주하였을 것이다. 그러나 당시 고구려의 인구가 100만 명 정도였을 것으로 추정한다면 전체 인구의 1-2할 정도만 이동을 하고, 8할 이상은 고구려의 옛 땅에 남아서 그들의 생업을 지속하였을 것이다. 특히 농민들은 토지에 긴박하여 살기 때문에 이동을 하지 않았을 것이다. 따라서 고구려의 지배층이 고구려인이고 피지배층의 대부분이 고구려인들이었다면 고구려가 멸망하고 30년 만에 건국된 발해의 주민 구성 또한 지배층은 물론 피지배층의 대부분이 고구려인들이었을 것이다. 다만 걸걸중상과 함께 말갈족 걸사비우가 발해를 건국하는 데 참여하였으므로 발해의 지배층 일부를 말갈족이 차지하였을 것이다. 따라서 『속일본기』에 고씨나 대씨 성을 가지지 않은 사람들이 그러한 부류라고 할 수 있다. 피지배층의 경우 고구려인들뿐만 아니라 말갈족들이 상당히 있었을 것이다. 말갈인들은 고구려 당시부터 부용세력으로서 고구려에서 다종족사회의 일부로 존재하고 있다. 다만 발해를 건국하는 데 공동으로 참여하면서 고구려 시기보다는 많은 말갈인들이 구성원을 이루었을 것이다. 발해의 영역이 고구려보다 동북쪽으로 확대되면서 속말말갈과 연해주 지방의 흑수말갈이 포함되면서 말갈인들이 많이 포함되었을 것이다. 또한 고구려 시기에는 부용세력에 불과하여 고구려인들보다 낮은 신분에 있었다면 발해 시기에는 고구려인들과 말갈인들이 차별이 없이 동등한 신분을 차지하였을 것이다. 그리고 발해의 영토가 고구려보다 동북쪽으로 더 많은 영토를 차지하였으므로 말갈족의 인구가 고구려 시기보다 증가하였을 것이다. 그러나 발해의 인구 대부분은 고구려의 후예가 차지하고 있었던 것이다.

그런데도 중국인 학자들은 간행이 앞선『구당서』의 기록보다 후대에 간행된『신당서』의 기록을 근거로 말갈족의 역사라고 주장하고 있다. 고구려의 멸망 후 100만 명에 달하는 고구려인들이 다 어디로 갔는지 소명하지 못한다면 주장으로 끝날 수밖에 없는 것이다. 러시아와 일본의 학계는 발해를 말갈족의 역사로 보고, 중국의 역사도 아니고 한국의 역사도 아니라고 보고 있다. 이는 앞에서 이야기하였듯이 당시의 역사적 실체를 제대로 이해하지 못한 결과라고 할 수 있다. 사실 이들의 주장에는 발해를 말갈족의 역사로 두고 이를 만주족의 역사로 연결시켜 중국의 역사도 아니며, 한국의 역사도 아닌 것으로 보고 있다. 그것은 발해가 차지하였던 지역을 무주공산無主空山의 지역으로 두고 있다가, 기회를 보다가 자기들이 차지할 여지를 남겨 놓고자 하는 의도를 가지고 있는 것이다. 예컨대 일제강점기 일본이 '위만주국'을 세운 것과 같은 상상의 나래를 펴고 있는 것이다. 일본 학계에서 한국 고대의 역사 연구를 너무 민족주의적이라 비판하며 상상의 공동체라고 지적하는 경우가 있는데, 사실 상상의 공동체는 '대동아공영권'과 같은 것에서 볼 수 있듯이 일본이 원조라고 할 수 있다. 스스로는 반성하지 않고 사죄를 하지 않는 일본의 정부와 마찬가지로 일본의 역사학계는 스스로를 되돌아보는 성찰을 먼저 하는 것이 순서일 것이다. 그런데 한국학계에서 이들의 주장에 부화뇌동하는 학자들이 있으니 일제강점기의 친일파나 식민사학자보다도 더 한심한 일이 아닐 수 없는 것이다.

3. 발해의 문화와 문화유산

발해사에 대한 기록은 『삼국사기』와 『삼국유사』, 중국 사서인 『구당서』와 『신당서』, 일본사서인 『일본후기』와 『속일본기』 등에 단편적으로 남아 있을 뿐이다. 발해인들이 남긴 자료들이 없기 때문에 발해의 건국에 대한 신화는 제대로 남아 있지 않다. 최근에 「정효공주묘지명」과 「정혜공주묘지명」이 출토되어 발해인들이 남긴 문자자료와 고고미술자료들이 발굴되고 있다. 그러나 더 많은 문자자료와 고고미술자료가 발굴되어야 발해의 역사와 문화가 제대로 규명될 수 있을 것이다.

발해에 발해인들이 남긴 문헌자료가 없는 이유를 화산 폭발로 본 견해가 지질학자에 의해 발표된 바 있다. 화산재를 분석하여 화산이 폭발한 것이 발해가 멸망한 해이며, 발해 멸망의 원인이 화산 폭발이라는 것이다. 발해가 3일 만에 거란족에 의해 멸망을 당하는데 이는 전쟁사적으로 이해할 수 없다는 것이다. 화산 폭발로 인해 우왕좌왕하는 가운데 침입하여 무혈 입성할 수 있었다는 것이며, 따라서

문헌이 사라졌다는 것이다.

돈화시에 있는 육정산 고분군에서 정혜공주 무덤이 발견되었고, 화룡 용두산고분군에서는 정효공주 무덤이 발견되었는데 모두 묘지명이 출토되었다. 이들 묘지명은 한자로 새겨져 있어 한자를 사용하였다는 것을 알 수 있다. 묘지명에 인용된 경전만 해도 『상서』, 『춘추』, 『좌전』, 『시경』, 『역경』, 『예기』, 『맹자』, 『논어』 등이 있어 한문학과 유학이 상당히 발달하였다는 것을 짐작할 수 있는 것이다. 또한 당나라의 빈공과에 발해 귀족의 자제가 합격하였다는 기록을 통해 문헌자료를 많이 남겼을 것으로 보고 있다. 또한 발해 관부인 정당성政堂省의 6부 관공서 명칭 충부忠部, 인부仁部, 의부義部, 예부禮部, 지부智部, 신부信部 등을 보더라도 유학과 문헌에 대한 이해가 상당하였을 것으로 추정하고 있다. 그리고 남아 있는 발해의 기와에 문자가 새겨져 있는 것이 상당히 있어 문자생활을 하면서 문헌 기록을

남겼을 것은 확실하다
고 하겠다. 다만 무슨
이유에서인지 발해인
들이 작성한 문헌 기록
이 남아 있지 않아 발
해의 역사와 문화를 연
구하는 것이 어려운 실
정이다.

······ 육정산고분군

발해에서 축조한 고분들에서 발견된 유물들은 고구려의 문화를
계승하고 있다. 특히 정효공주 무덤에는 널길과 널방의 3벽에 모두
12명의 인물이 그려져 있다. 공주의 모습은 그려져 있지 않으나 무
사, 시위, 내시, 악사, 시종 등이 그려져 있는데 고구려 고분벽화의
전통을 잇고 있다. 북한에서 발굴한 함경남도 화대군 금성리 고분에
서 발견된 사람의 다리 부분이 그려진 벽화의 인물도 고구려 고분벽
화의 전통을 잇고 있어서 발해가 고구려의 문화를 계승하고 있는 것
을 알 수 있다.

그런데도 중국은 발해의 역사를 한국의 역사가 아니라 중국의 역
사라고 주장하고 있다. 2002년부터 시작한 '동북공정' 프로젝트는
끝났지만 고조선과 고구려 및 발해가 중국의 역사의 일부라는 주
장은 지속되고 있다. 2015년 중국의 시진핑 주석이 미국의 트럼프
대통령을 만났을 때 "한국은 중국 역사의 일부분이었다"라고 발언
한 데서도 나타나고 있다. 중국은 지금 발해의 문화유산을 발굴하

······ 중국 흑룡강성 영안시 상경성 궁성터 ······ 영안 홍룡사 발해석등

고, 복원하고 있는데 이를 비공개로 진행하고 있으며, 복원을 하는 과정에서 고구려의 영향은 감추고 당나라 양식으로 복원하고 있어서 매우 심각하다. 중국이 2002년 '동북공정' 프로젝트를 시작하고, 2003년 중국에 있는 고구려 문화유산을 UNESCO에 세계문화유산 등재를 신청하면서 한국과 중국 사이에 역사문제로 갈등이 불거졌었다. 그때는 북한이 신청한 고구려 문화유산이 UNESCO 문화유산으로 동시에 등재되어 그나마 다행이었다. 그러나 만약 중국이 발해의 문화유산을 단독으로 UNESCO에 등재 신청을 하여 세계문화유산으로 등재된다면 심각한 일이 아닐 수 없는 것이다. 중국이 발해의 문화유산을 세계문화유산으로 신청하여 등재된다면 세계인들이 발해의 역사를 중국의 역사로 오해할 수밖에 없게 되는 것이다. 더구나 당나라 양식으로 발해의 문화유산을 복원하여 관광자원화하면

관광객들이 발해의 문화는 당나라의 문화를 계승한 것으로 잘못 인식하게 되는 것이다. 우리 정부가 일이 발생한 다음 뒤늦게 우왕좌왕하지 말고 선제적 대응을 준비하여야 발해의 역사를 지킬 수 있을 것이다.

14장
견훤과 궁예

    후백제는 견훤에 의해 892년에 건국되었다. 후백제의 첫 도읍지에 대해서는 무진주(광주)로 보고 있으나 『삼국유사』 '후백제 견훤조'에서 인용하고 있는 「고기」에는 완산군(전주)로 기록되어 차이를 보인다. 견훤은 후백제의 시조로 867년에 태어나 936년에 사망하였다. 견훤은 892년에 무진주를 점령하고 스스로 왕위에 올랐으며, 900년에 완산주로 천도하였다. 그 후 많은 영토를 확장하였으나 경순왕 3년(929) 고창에서 왕건의 군대에게 패한 후부터 차츰 형세가 기울었다. 935년 왕위 계승 문제로 맏아들 신검에 의하여 금산사에 유폐되었다가 탈출하여 왕건에게 투항하였으며, 상보^{尙父} 칭호와 양주 지역을 식읍으로 받았다. 936년 왕건에게 신검의 토벌을 요청하여 후백제를 멸망하게 하였으며, 얼마 뒤 등창으로 사망하였다.

1. 견훤의 탄생설화

견훤의 탄생설화는 『삼국유사』 '후백제 견훤조'에 실려 있는데 백제의 서동설화와 비슷한 서사구조를 보이고 있다.

> "옛날에 한 부자가 광주 북촌에 살았는데, 하나 있는 딸의 용모
> 가 단정하였다. 딸이 아버지에게 말하기를 '매번 자줏빛 옷을 입
> 은 남자가 침실에 들어와 관계를 합니다'라고 하자, 아버지가 이
> 르기를 '너는 긴 실을 바늘에 꿰어 그 남자의 옷에 꿰어 두어라'라
> 고 하여, 그 말대로 하였다. 날이 밝자 실을 찾아 북쪽 담에 이르
> 니 바늘이 큰 지렁이의 허리에 꽂혀 있었다. 이로 인하여 아기를
> 배어 한 사내아이를 낳았다. 이 아이는 나이 15세가 되자 스스로
> 견훤이라고 하였다."

이 설화는 서동설화와 같이 소위 야래자夜來者 설화의 서사구조를
보이고 있다. 야래자 설화는 밤에 이물異物이 나타나 상관하고 사라
졌다가 아이를 낳았는데 신이한 능력을 갖게 된다는 것이다. 하늘에
서 내려오는 천강신화나 알에서 태어나는 난생신화와 같이 신적인
요소는 약화되고 동물적 요소가 강화되는 모습을 보이고 있다. 상상

속의 동물인 용이나 실존하는 지렁이와 같은 동물이 시조의 탄생에 나타나고 있는 것이다. 이는 고대사회의 신화에서 중세사회의 설화로 전환되는 변화라고 할 수 있다. 고대사회의 신성성은 줄고 중세사회의 토지와 바다에 대한 관심은 마침내 용과 지렁이의 도움으로 시조가 탄생하는 것으로 바뀐 것이라고 할 수 있다.

한편『삼국사기』견훤전에서는 아버지 아자개가 농사를 지어 생활하다가 광계(885-887) 연간에 사불(상주)에 웅거하여 스스로 장군이라 일컬었다고 한다. 아자개는 신라 진흥왕과 사도부인 사이에 태어난 구륜공의 후손으로 첫째 상원부인 및 둘째 남원부인과 사이에 아들 다섯과 딸 하나를 낳았다. 아들로는 첫째가 견훤이며, 능애, 용개, 보개, 소개 등이 있고, 딸은 대주도금이라고 한다. 이러한 계보를 인정할 경우 진흥왕-구륜공-선품-작진-아자개-견훤으로 이어지는 견훤의 가계는 신라 진흥왕과 관련된 김씨 혈통이 된다. 이에 대해서 이씨 집안의 족보인『이제가기』에 신라 김씨 왕가의 계보가 서술되었다는 것은 모순되므로 이 계보가 정치적 의도에서 생겨난 것으로 보기도 한다. 만약 이 기록을 그대로 인정한다면 혹시 외가 쪽의 가계가 아닐까 하는 생각이 든다. 신라는 부계뿐만 아니라 모계도 중요시하였으므로 조선시대 전기『문화유씨 만성보』처럼 부계 친족뿐만 아니라 모계 혈족도 같이 실렸을 가능성이 있기 때문이다.

아자개는 신라말 지방세력가로서 농업에 종사하다가 신라 하대의 혼란기에 전국 각지에서 농민을 포함한 지방세력이 봉기하자, 헌강왕 11년(885)과 진성여왕 원년(887) 사이에 사불성(상주)을 근거로 군대를 일으켜 장군을 자칭하였다. 그 뒤 그의 아들인 견훤이 무진주를 점거하고, 효공왕 4년(900) 완산주를 근거로 후백제를 세운 이후에도 아자개는 계속해서 상주 지방에 웅거하고 있었으며, 견훤과는 독자적인 세력을 유지하고 있었다.

이와 같이 후백제의 견훤에 대해서『삼국유사』,『삼국사기』,『고려사』등에 비교적 풍부한 기록이 남아 있다. 그러나 사서에 따라 내용이 다르고, 같은 사서에서도 편목에 따라 다르기도 하고, 심지어 같은 편목에서도 서로 다른 전거를 인용하여 차이점을 보이고 있다. 『삼국유사』'후백제 견훤조'는 최대한 많은 전거자료를 인용하면서『삼국사기』견훤전에서 빠진 견훤 관련 기록을 남기고 있다. 그러나 다수의 전거자료를 인용하는 과정에서 사건의 전개과정이나 연도 표기 기준 등에 차이가 나타나고 있다. 따라서 후백제 견훤의 역사적 실체에 접근하기 위해서는『삼국유사』'후백제 견훤조'에 남아 있는 다양한 전거자료를 검토할 필요가 있다.

견훤의 출생과 후백제의 건국, 멸망에 대해서는『삼국유사』인용『삼국사』본전,『이제가기』,「고기」에서 각기 다른 세 가지 이야기를 전하고 있고,『삼국유사』왕력과『삼국사기』신라본기, 연표, 견훤전에서도 약간 다른 이야기를 전하고 있다. 그런데『삼국사기』본전과「고기」는 견훤의 출생과 건국 및 멸망과정을 일대기처럼 서술하였으나,『이제가기』는 아자개와 견훤의 가계만을 전하고 있는데 의심되는 부분이 많아 사료적 신빙성이 매우 낮다.『삼국사』본전에 따르면 견훤은 상주 호족 아자개의 아들이고,「고기」에 따르면 광주 북촌 여인과 지렁이의 아들이 되는 것이다. 이러한 기록의 차이는 '상주설'과 '광주설'로 나누어 볼 수 있다.

「고기」에는 견훤이 광주 북촌의 부잣집 딸과 자주빛 옷을 입은 남자(지렁이) 사이에서 태어났다고 하는 소위 '지렁이 탄생설화'가 기록되어 있다. '광주설'에서는 「고기」의 설화를 취신하고, 상주 아자개의 부자관계를 부정한다. 견훤과 상주의 관계가 부정되면, 아자개의 행적과 상주 공격을 합리적으로 설명할 수 있다. 그런데 「고기」 기록에 따르면 광주 출생인 견훤이 892년 왕을 칭하고 도읍한 곳은 완산군이었다. 한편 『삼국사』 본전과 『삼국사기』 견훤전에 따르면 상주 출신 견훤은 892년 무진주에서 왕을 칭한 뒤 900년 완산주로 도읍을 옮긴 것으로 나온다. 즉 「고기」는 견훤의 광주 출생설화를 기록하면서 광주와 견훤의 정치적 관련성에 대해 언급을 하지 않았다. 이에

...... 견훤릉

...... 금산사 미륵전

대해 설화 속의 지렁이를 견훤으로 보고, 광주 지역 호족과의 혼인관계를 보여 주는 것으로 해석하기도 한다. 자줏빛 옷은 왕의 복식이므로 892년 무진주를 습격하고 스스로 왕이라 칭하였던 견훤으로 본 것이다. 그러나 광주 '지렁이 탄생설화'는 상주 출신인 견훤이 방수군으로 서남해 지역에 파견된 이후 무진주를 기반으로 세력을 키웠던 과정에서 자신의 지역성을 강조하고자 만든 설화로 볼 수 있다.

그러나 여기서 중요한 것은 견훤의 탄생설화에 '용龍'이 아니라 '지렁이池龍'가 나타난다는 것이다. 왕건의 경우에는 '용'과 관련되어 탄생 설화가 나타나는데 견훤의 경우 '지렁이'와 관련되어 탄생설화가 나타나는 것은, 결국 삼한일통三韓一統을 이룬 왕건은 '용龍'이 된 것이고, 실패한 견훤은 '용'이 되지 못하고 '지렁이池龍'에 머물러 패자의 입장이 반영되어 있는 설화로 볼 수 있는 것이다.

2. 궁예의 출생과 활동

이러한 패자의 입장이 잘 나타나 있는 것이 궁예의 출생과 활동상황에 대한 설화이다. 『삼국사기』 궁예전을 보면 처음에는 궁예가 부하들과 생사고락을 같이하는 전형적인 영웅의 모습을 보이는 데 반하여, 뒤에는 의심스럽고 살육을 일삼는 폭군의 모습을 보이고 있다. 「궁예전」에 왕건이 등장하는 전후로 궁예의 모습이 달라지고 있는 것이다. 이것은 마치 이전 왕조가 망하고 새로운 왕조가 들어서면서 전왕조의 모습을 묘사하는 데 있어 차츰 발전하다가 나중에 집권자의 도덕적 타락이나 패악무도한 행위 때문에 왕조가 망한다는 패턴을 그대로 따르고 있다. 예를 들어 조선 초기에 간행된 『고려사』의 경우 고려가 통치를 잘해 나가다가 고려 말에 잘못된 정책으로 결국 고려가 망한다는 내용을 보이고 있는 것과 같은 것이다. 그렇다면 궁예전의 전반부 부분은 그대로 묘사하고, 후반부는 고려인들에 의해 부정적으로 변개된 것으로 볼 수 있다.

궁예의 폭정은 궁예가 왕건을 비롯한 호족들의 세력을 견제하기 위해 전제적 왕권을 강화하는 과정에서 필연적으로 발생한 무리한 통치방식으로 볼 수 있다. 물론 왕건은 중앙집권적이 아니라 호족연합정권의 통치방식을 택하였기 때문에 많은 호족들의 지지를 받을 수 있었던 것이다. 호족들은 전제왕권적 통치방식을 지향하는 궁예보다는 호족들의 권한을 일정하게 보장해 주는 왕건의 호족연합정권의 통치방식을 더 선호하였을 것이다. 결국 호족들의 이해관계가 맞아떨어진 왕건의 호족연합정권을 지지하게 되면서 전제왕권적 통치방식을 취하는 궁예의 정책에 반기를 들어 왕건을 추대하여 왕으로 삼은 것이다. 왕건은 부인이 29명이나 되는데 이 부인들이 거의 모두 호족들의 딸들이다. 이 딸들은 왕궁에 거주하면서 자기를 시집 보낸 호족들의 이해관계를 대변하는 '특명전권대사'의 역할을 하였을 것이다. 왕궁 안에 각 호족들의 대사관을 설치하고 딸들을 대사로서 임명한 것이라 할 수 있다. 결국 호족들은 자기들의 이해관계를 관철하기 위해 왕건에게 딸을 시집 보내 사돈관계를 맺어 일종의 보험을 들어 둔 것이라 하겠다. 왕건은 또한 호족들에게 왕씨 성을 하사하여 친척관계를 맺어 호족들을 유사 친척으로 삼아 자기 세력의 범위 속에 인적 네트워크를 구축하려고 하였던 것이다. 그렇기 때문에 호족들은 궁예보다는 왕건을 선호하게 된 것이다. 그러나 호족들과 왕건은 그들의 쿠데타를 합리화하기 위해 궁예의 전반부 모습을 그대로 두었으나 후반부 부분을 포학무도한 폭군의 모습으로 묘사하여 역성혁명의 정당성을 확보하고자 설화를 변개시켰을 것이다.

　궁예에 대해서 『삼국유사』에는 나타나 있지 않지만 『삼국사기』 궁예전에는 자세한 내용이 실려 있다. "궁예의 부친은 신라의 왕이며, 외가에서 출생한 그는 태어날 때부터 이가 났으며, 지붕 위로 긴 무지개가 하늘에 맞닿았다." 이와 같이 신이한 행적을 보이면서 출생한 궁예는 일관에 의해 상서롭지 못한 출생이라고 모함을 받고 죽을 운명에 처해지나 왕궁을 빠져나오다 한쪽 눈을 잃었다. 유모에 의해 출생의 비밀을 알게 된 궁예는 세달사로 들어가 중이 되고, '왕王'이라는 글자의 참서를 얻게 된다. 양길의 부하로 있던 궁예가 장군으로 추대되어 강원도 일대에 세력을 구축하고 개국하자, 송악일대를 장악하고 있었던 왕건 세력이 투항해 왔다. 궁예는 왕건을 철원태수로 봉하고, 왕건을 내세워 중부지방의 지역을 세력권 영향 아래 두었다. 그런데 부석사에 행차한 궁예는 신라왕의 초상화를 칼로 베어 버리고, 신라를 멸망할 나라라 하고, 신라로부터 투항해 오는 사람들을 모두 죽여 버렸다. 한편 궁예는 스스로를 미륵불이라 칭하고,

······ 칠장사에 그려진 궁예

······ 태봉 도성 디오라마(철원평화전망대)

삼국유사의 신화 이야기

경서를 집필하며, 관심법觀心法을 통해 부인이 간음하였다고 부인 강씨와 두 아들을 죽였다. 왕창근이 산 거울에 참서의 글자가 장차 왕건이 왕위에 오르게 될 것이라 암시하였다. 이것도 사실 나중에 역성혁명을 정당화하기 위해 만들어 낸 이야기라고 할 수 있을 것이다. 궁예 집권 당시에 이를 알았다면 궁예가 왕건을 가만두지 않았을 것이다. 하여튼 홍유, 배현경, 신숭겸, 복지겸 등 4인의 장군이 모의하여 왕건을 왕으로 추대하고 거사를 도모하였다. 궁예는 변복을 하고 왕궁을 빠져나왔으나, 얼마 지나지 않아 부양(평강)에서 백성들에 의해 죽임을 당하였다.

궁예는 고구려의 부흥을 내세우며 국호를 고려라고 칭하고, 활 잘 쏘는 주몽의 후예를 잇는다는 의미로 이름을 궁예라고 하였다. 더구나 궁예의 탄생 설화는 고구려의 건국자 주몽의 탄생신화와 아주 비슷한 서사구조를 보이고 있다. 돌 밑에서 나왔다는 금와나 하백의 딸 유화는 신화적 인물이고, 헌안왕과 후궁은 역사적인 인물이지만 둘 다 비정상적이라는 점은 공통적이다. 출생 부분에 있어 유화의 몸을 비추어 임신하게 한 햇빛과 하늘에 닿은 햇빛은 부계를 하늘에 연결시킨다는 점에서 통한다고 할 수 있다. 그러나 주몽은 난생이고, 궁예는 태생이라는 점과 나면서부터 이가 있었다는 차이점이 있지만 하늘과 연결시킨다는 점은 공통적이다. 이러한 출생담의 관계 설정은 백제의 신화를 잇고 있다고 하는 견훤의 경우와도 다르고, 왕건의 선대로 신화화된 강충이나 작제건의 경우와도 다르다. 주몽과 궁예 이야기의 차이는 궁예설화가 주몽신화의 전통을 이으면서

도 신화만의 서술방식을 벗어나 역사적 인물로 이야기되면서 변하
게 되었다고 할 수 있다. 이것은 주몽신화가 고대의 건국신화인 반
면에 궁예의 탄생설화는 중세신화이기 때문에 다르게 변개된 것이
라 할 수 있다. 문헌상의 궁예 이야기는 고대신화 흔적과 중세 인물
전설로서의 특징을 병행하고 있는 서사구조를 보이고 있다. 궁예이
야기의 전반부는 궁예를 신화화하려는 의지가 강하게 반영된 궁예
집단에 의해 형성된 이야기이고, 후반부는 궁예의 신화성을 부정하
고 훼손하려는 의지가 반영된 왕건집단에 의해 형성된 이야기로 보
는 조현설 교수의 견해는 합리적이라고 생각한다. 궁예이야기가 주
몽을 잇고 있으면서도 전설적 변이를 드러내고 전후반부의 이야기
구성이 어긋나 있는 것은 왕건집단의 의도 때문이라는 것이다.

3. 궁예와 왕건

궁예는 왕건보다 앞서서 막강한 권력을 갖고 있었는데도 불구하
고, 왕건에게 정치적으로 패배함으로써 역사적으로 부정적인 인물
로 기록되었다. 왕건이 고려를 건국하는 데 있어서 장해가 된 것이
궁예였기 때문에 기록상 궁예의 부정적 이미지는 승자의 편에 의해
의도적으로 고쳐졌을 것이다. 궁예와 왕건은 신이한 탄생설화를 남
기고 있지만 궁예의 신비로운 탄생은 상서롭지 못한 징후로 해석하
여 궁예의 불행한 삶의 상징으로 작용하였다. 반면에 왕건의 경우는

우호적인 영웅의 탄생으로 서술되었다. 이러한 해석은 승자의 논리로 포폄이 이루어져 궁예에 대해서는 악의적으로 폄하되고 왕건에 대해서는 선의적으로 선양된 것이라 할 수 있다. 특히 왕건이 세력을 확대하여 궁예를 축출하면서 궁예의 잔인무도한 측면을 부각시키는 서술이 보이고 있다. 이와 같은 궁예의 비정상적인 행위에 대한 서술은 왕건이 고려 태조로 등극한 사실을 정당화하기 위한 기록 조작이라고 할 수 있다. 사료상에 궁예의 폭정과 잔인무도함이 나타난 것은 역사적 사실이라기보다는 왕건의 역성혁명을 합리화하기 위한 공작이라고 할 수 있다. 반면에 왕건에 대한 역사 기록과 이를 바탕으로 한 역사적 평가는 매우 호의적으로 서술하여 왕건이 집권할 수밖에 없었다는 정당성을 강조하고 있는 것이다. 이와 같이 신화는 전해 내려오던 내용을 집권자의 의도에 따라 후대에 변개시키는 과정이 있다는 것을 염두에 두면서 고찰하여야 하는 것이다.

흔히들 역사는 승자의 편이라는 이야기들을 하는데 승자의 입장에서 역사가 정리되었기 때문에 나온 말이다. 물론 승자의 성공을 돋보이게 하는 작업은 이해할 수 있지만, 패자와 관련된 역사적 사실을 거짓으로 꾸며 폄하시키는 것은 역사의 왜곡이라고 할 수 있다. 중국과 일본 등 이웃나라에서 한국의 역사를 왜곡하는 것에 대응하는 것도 중요하지만 우리 스스로가 한국의 역사를 왜곡하는 것도 경계하여야 할 것이다.

그런 면에서 최근 한국 고대사의 영광을 되찾겠다며『환단고기』와 같은 위서를 근거로 하여 고조선의 역사를 과장하여 건국 시기도 소급시키고, 영역도 확장시키는 황당무계한 주장을 하는 유사역사학자들이 득세를 하며 혹세무민을 하고 있어 안타까운 일이다. 예컨대 3국시대의 한국 역사의 중심 영역이 한반도가 아니라 중국대륙이라는 주장 등은 우리의 자존심을 높여 주기는 하지만 사실이 아니기 때문에 마치 중국이 고조선과 고구려 및 발해를 중국의 역사라고 주장하는 동북공정의 인식과 마찬가지로 역사왜곡을 하고 있는 것이다. 그런데 이러한 유사역사학자들을 비호하는 공무원과 국회의원들이 있다는 것이 더욱 문제라고 하겠다. 공무원들이 이러한 유사역사학자들에게 연구비를 지원하도록 하고, 국회의원들이 유사학자들의 편을 들어 역사학계의 연구성과를 토대로 진행한 연구과제들을 중단시킨 일들이 벌어졌다. 유사역사학자들이 연구한 내용을 개인적으로 발표하는 것은 자유지만, 이것을 국민의 세금을 거둔 정부의 예산으로 지원하는 것은 합당하지 않은 것이다.

2017년 새로 취임한 동북아 역사재단 김도형 이사장은 신년 간담회에서, "상고사 부분에서 유사역사학에 휘둘리기도 했고, 국정역사 교과서 심의기관처럼 보여지기도 했다"고 말했다. 따라서 앞으로는 "바깥에서 간섭하지 않는 연구기관이 되도록 하겠다"라고 말했다.

역사학계에서 역사교과서의 국정화를 반대하는 것은 여러 가지 자유스러운 다양한 견해를 존중하자는 목적을 갖고 있다. 자유발행제나 검인정 교과서를 통해 저자의 다양한 견해를 최대한 존중하자는 것이다. 그러나 국정교과서는 국가가 만들어서 국가의 재정을 투입하여 출판하는 것으로 어느 하나의 입장에서 획일화된 서술의 위험성이 있기 때문에 문제가 있는 것이다. 그리고 국가에서 만들어 발행하게 되면 거기에 담긴 내용이 정설이 되고, 다른 의견들은 마치 틀린 것 같은 오해를 하게 되는 것이다. 또한 정부의 공무원들이나 국회의원들이 역사 서술에 개입하게 되면 정권의 입맛에 맞는 견해들을 선호하는 내용들이 실리게 될 수 있기 때문에 신중해야 하는 것이다. 따라서 국가의 녹을 받는 공직자들은 현실 정치와 행정에 매진하고, 역사문제는 역사학자들에게 맡기는 것이 도리일 것이다.

2000년대에 들어서서 일본의 역사교과서 왜곡에 맞서 대책위원을 맡고, 중국의 동북공정에 의한 고구려사 왜곡에 맞서 대책위원장을 지낼 때, 일본과 중국은 각각 자기들 역사교과서는 국정이 아니라 검인정 교과서라며 정부의 책임이 없다고 발뺌을 한 적이 있다. 만약 우리의 역사교과서를 국정교과서로 한다면 이웃나라와 역사문제가 발생하였을 때 정부가 책임을 지게 되는 외통수가 된다는 것을 잊어서는 안 될 것이다.

15장

왕건과 용건

왕건은 송악 지방의 호족 출신으로 혈구진을 비롯한 해상세력과 밀접한 관련을 갖고 있었다. 그가 궁예의 휘하에 들어가 수군을 이끌고 서남해 방면으로부터 후백제 지역을 공략하여 나주를 점령한 것은 해상활동의 경험에서 비롯한 것이다. 전공戰功으로 궁예의 신임을 얻어 시중侍中까지 오른 왕건은 서서히 자기 세력을 확장시켜 나갔다. 왕건은 918년 궁예로부터 왕위를 빼앗아 고려를 건국하고, 다른 호족들을 아우르면서 호족연합 정권을 구축하였다. 그리고 935년 경순왕으로부터 신라의 귀부를 받고, 936년 마침내 후백제를 멸망시켜 삼한을 재통일하였다. 고려의 통일을 북한에서는 최초의 통일이라고 하지만 최초의 통일은 신라가 660년 백제를 멸망시키고, 668년 고구려를 멸망시킨 것이므로 재통일이라고 하는 것이 합리적이다.

1. 작제건과 용건

고려의 건국자 왕건의 선조에 대한 기록은 김관의가 지은 『편년통록』에 실려 있으나 지금은 전하지 않고, 『고려사』의 「고려세계」에 실려 있다. 왕건의 6대조 호경虎景으로부터 아버지 용건龍健에 이르는 6대의 신이한 사적을 기술하고 있는데 그 내용을 살펴보면 다음과 같다.

> "성골 장군이라고 자칭하는 호경이 백두산으로부터 부소산 골짜기에 와서 살았는데 마을 사람들과 함께 평나산에 매를 잡으러 갔다가 산신山神에 의해 목숨을 구할 수 있었다. 호경이 산신에게 제사를 지내던 중에 산신이 나타나 호경을 데리고 사라졌다. 그러나 호경은 옛 아내를 잊지 못하여 꿈에 나타나 동침을 하였다. 호경의 아들 강충은 구치의에게 장가를 들어 오악산 마하갑에서 살았다. 당시 신라 감관 팔원이라는 사람이 부소군을 산 남쪽으로 옮기고 소나무를 심으면 삼한을 통일하는 자가 출생할 것이라고 말하였다. 강충은 두 아들을 낳았는데 둘째 아들 손호술은 뒤에 보육으로 이름을 고쳤다. 보육은 곡령에 올라 남쪽을 향해

오줌을 누었는데 삼한 천지에 가득 차서 바다로 변하는 꿈을 꾸었다. 이튿날 형인 이제건에게 그 이야기를 하였더니 하늘을 버티는 기둥을 낳을 것이라며 자기 딸 덕주를 주어 아내로 삼게 하였다. 보육이 거사가 되어 마하갑에서 암자를 짓고 살았는데, 신라 술사 한 사람이 여기서 살면 반드시 당나라 천자가 와서 사위를 삼을 수 있을 것이라고 하였다. 보육은 두 딸을 낳는데 둘째 딸 이름은 진의라고 하였다. 진의가 성년이 되었을 때, 그의 언니가 '오관산 마루턱에 올라 앉아 오줌을 누었더니 천하에 가득 찼다'는 꿈을 이야기하자 진의가 비단을 주고 그 꿈을 샀다. 이때 당나라 숙종이 유람하다가 마하갑으로 와서 보육의 집에 유숙하게 되었는데, 숙종은 두 처녀에게 자기의 옷 터진 것을 꿰매 달라고 하였다. 보육의 맏딸을 들여보냈으나 코피가 나서 되돌아 나왔다. 이에 진의를 들여보내 모시게 하였다. 뒤에 진의가 아들을 낳았는데 그의 이름을 작제건이라고 하였다. 나중에 보육을 추존하여 국조 원덕대왕이라 하고, 진의를 정화왕후라고 하였다."

왕건의 할아버지 작제건의 탄생설화인데 크게 보면 산신과 관련된 내용과 당나라 숙종과 관련된 내용으로 구성되어 있다. 산신은 백두산과 부소산이 나타나는 것을 볼 때 고구려와 백제를 아우른다는 상징성을 엿볼 수 있다. 한편 당나라 숙종 이야기는 픽션인데 아마 해상세력으로 중국과 교통하여 새로운 선진문명을 받아들이고 있다는 개방성을 나타내고자 한 것으로 해석할 수 있다. 천지신명의 권위와 혈통으로 건국의 신성성과 정통성을 내세우던 고대의 건국 신화와 달리 산신과 당나라의 권위를 내세우고 있다. 산신은 지역신으로 고구려와 백제를 가리키는 것으로 현실과 밀접한 관련을 가지고 있으며, 당나라는 신성적 존재가 아니라 실제적 힘을 가지고 있는 존재라고 하겠다.

작제건은 활 재주가 뛰어나 세상 사람들이 그를 신궁이라고 불렀다. 송악산 남쪽에 새 집을 짓고 살았는데, 뒤에 그를 추존하여 의조 경강대왕이라 하고 용녀를 원창왕후라고 하였다. 원창왕후가 네 아들을 낳았는데 용건이라고 하였다. 용건은 뒤에 왕륭으로 고쳤는데 곧 세조이다.

이와 같이 왕건의 선대 조상들의 설화는 산신신앙, 용신신앙 등의 여러 가지 토착신앙과 관련되어 있다. 이들 토착신앙은 여러 지역의 토착세력과 밀접한 관련을 지니고 있다.

2. 왕건의 탄생 설화

반면에 왕건의 탄생에 대해서는 산신신앙이나 용신신앙보다는 실제적인 측면이 나타나고 있다. 즉 신화적 인물이 아니라 인간적 인물로 서술되어 있으며, 범상한 인물이 아니라 비상한 인물로 서술되어 있는 것이다.

"왕건의 성은 왕씨이고 이름은 건이며, 자는 약천으로 송악군 사람이다. 세조 왕륭의 맏아들이고 어머니는 위숙왕후 한씨이다. 당나라 건부 4년 정유(877) 정월에 송악 남쪽 저택에서 태어났다. 그 때에 신기한 광채와 자줏빛 기운이 집에 비치고 뜰에 가득 차서 종일토록 서리어 있었는데 형상이 교룡蛟龍과 같았다. 그는 어려서부터 총명하여 지혜가 있었다. 용의 얼굴에 이마의 뼈는 해와 같이 튀어나왔으며 턱은 모가 나고 이마는 넓적하였다. 기상이 탁월하고 음성이 웅장하였으며 세상을 건질 만한 도량이 있었다."

왕건의 출생은 매우 신이하게 서술되어 왕으로서 천명을 타고 났다는 것을 암시하고 있다. 용신신앙 등 토착신앙과는 관련이 없으나 교룡의 모습과 관련시켜 은근히 용의 얼굴 모습으로 묘사하고 있다. 신기한 광채와 자줏빛 기운이 집에 비치고, 이마의 뼈는 태양과 같이 튀어나왔다고 하여 천손이라는 점을 은연중 강조하고 있다. 궁예의 출생 당시 나타났던 신비스러움은 불길한 징조라고 예언한 것으로 서술된 것과는 매우 상반된다. 또한 견훤의 탄생설화는 지렁이池龍과 관련되어 나타난 것과는 다르게 왕건의 탄생설화는 용과 관련되어 나타나는 것도 편파적인 서술이라고 할 수 있다. 역사는 역시 승자의 입장에서 다시 쓰여졌다는 것을 잘 보여 주는 사례라고 할 수 있는 것이다. 궁예의 탄생 설화는 궁예가 살아 있을 때는 매우 신비스러운 탄생으로 서술되었을 터인데 왕건이 집권하고 나서부터 폄하가 되었을 것이다. 견훤의 탄생설화도 처음에는 용과 관련되어 서술되었을 것인데 고려가 삼한일통을 이루고 나서 지렁이로 전락되었을 것이다.

여기서 용의 등장을 눈여겨보아야 한다고 생각한다. 용의 존재가 왕권과 관련하여 처음 나타나는 것은 「광개토왕비」이지만 외부의 해양세력과 관련하여 나타나는 것은 문무왕의 수중릉이다. 문무왕대 해룡은 일본세력을 방어하기 위한 동해의 호국 용으로 등장하고 있다. '거타지 설화'에서 나타난 용은 서해를 관장하는 용이며, 이는 중국과 관련되어 나타나는 것이 특징이다. '거타지 설화'가 강주 지역을 중심으로 성립된 설화라면 '작제건 설화'는 송악 지역을 배경으로 한다. 즉 남해 해상세력의 '거타지 설화'에 비해 '작제건 설화'는 서해 해상세력의 존재와 활동을 담고 있다. 남해 지역은 나주와 영암지역을 통한 사행길이 막힌 이후 신라는 강주와 김해를 통한 남해 해상통로에 의존하게 되었으며, 이에 강주(진주)세력의 활발한 활동이 나타나게 된다. 한편 서해의 송악지역은 당나라의 등주로 향하는 길목으로 직접 당나라와 연결이 가능하여 신라의 사행도 이 지역을 경유하게 되었다. 최치원도 이 지역을 통하여 당나라에 사행을 갔을 것이다. 강주와 송악 이 두 곳이 상인들의 활동과 진출이 다른 곳보다 활발하였기 때문에 이와 같은 용과 관련된 설화가 나타났을 것이다. 9세기부터 강주는 일본과의 교섭에서 신라의 대외창구 역할을 담당하여 해상무역의 기반을 쌓아 가고 있었다. 그 후 강주지역의 해상 활동은 일본과의 교역에서 점차 중국과의 교역으로 확장되었을 것이다. 장보고 사후 신라의 대외교역 창구는 강주와 김해를 비롯한 남부 해안지역이 중요시되었다. 한편 서해를 장악한 고려는 남해의 해상권을 둘러싸고 각축전을 벌이고 있었다. 그러다 고려의 해군이 강주의 해상세력을 무찌르고 남해의 해상권을 장악하게 되었다. 이와 같이 동해와 서해 등 신라의 변경과 관련되어 나타나는 용은 그 이전의 성격과는 다른 호국적 성격을 갖고 있다.

이전의 고대신화들은 건국자와 시조 탄생의 신성함을 천신, 지신, 수신 같은 천지신명을 활용하여 나타내었다. 그러나 신라 중대 이후 나타나는 건국신화는 산신이나 용들이 나타나며, 지역의 토착신으로서 국경을 방호하는 존재로 나타나 중세적 성격을 지녔다고 할 수 있다. 더구나 왕건 가계의 설화에서는 육지의 토지에 대한 관념, 바다의 해양 경계에 대한 관념이 나타나고 있어 확실히 중세신화라고 할 수 있는 것이다.

3. 풍수신앙과 용신신앙

그런데 왕건의 탄생설화에는 이전의 다른 건국자와 달리 풍수사상이 보이는 것이 새로운 변화라고 할 수 있다. 길지吉地에 대한 인식이 보이고, 신성 공간을 점유하는 것이 반복적으로 보이며, 도선道詵 국사와 같은 풍수 전문가가 나타나고 있는 것이다. 6대에 이르는 가계에서 1대 호경을 제외하고 모두 풍수가의 절대적인 영향을 받고 있는 것을 볼 수 있다. 기존의 건국신화와 설화는 하늘의 자손이라는 천손강림 신화이거나 알에서 태어나는 난생신화가 대부분이었다. 그런데 여기서 땅의 생기와 인간과의 관련성을 매개로 하는 새로운 풍수사상이 나타나는 것은 새로운 사회로 넘어가는 터닝포인트의 의미가 있다고 할 수 있다. 그것은 토지를 중요시하는 중세사회의 등장을 알리는 서곡이라고 해석할 수 있는 것이다. 따라서 왕건이 건국한 고려는 새로운 왕조이면서 토지를 기반으로 하는 중세사회의 새로운 변화에 따른 중세신화라고 할 수 있는 것이다.

왕건의 가계는 국조 원덕대왕-당나라 숙종(진의)-의조 경덕대왕-세조 위무대왕-왕건으로 이어진다. 「고려세계」에는 태조 왕건의 탄생을 신비한 영웅의 출현으로 미화하기 위해 이전의 여러 설화들을 모방하였다. 손호술의 맏딸이 오관산에 올라 오줌을 누었던 꿈을 진의가 산 것은 김유신의 누이 보희와 문희의 설화를 빌려 온 것이고, 작제건이 활을 들고 당나라 숙종을 찾아간 설화는 유리가 부러진 칼을 들고 주몽을 찾아간 설화를 모방한 것이다. 작제건이 늙은 여우를 활로 쏘아 떨어뜨려 용왕의 고민을 해결하게 한 일은 신라 진성여왕 대의 '거타지설화'를 모방한 것이다.

『삼국유사』의 '진성여왕 거타지조'에 궁수 거타지 등 사신 일행이 서해로 나가던 중 배가 곡도(백령도)에 이르렀을 때, 풍랑으로 뱃길이 막혀 며칠을 묵게 되었는데 양패의 꿈에 한 노인이 나타나 섬에 궁사 한 사람을 남겨 두고 가면 뱃길이 무사할 것이라고 하여 거타지가 남게 되었다. 수심에 빠져 있던 거타지 앞에 한 노인이 못 속에서 나와 해뜰 무렵이면 사미승 한 사람이 하늘에서 내려올 테니 활을 쏘아 달라고 간청을 하여 그 사미승을 쏘아 죽였다. 이에 노인이 나타나 거타지에게 치하하고 그의 딸과 혼인할 것을 청하므로 그는 그녀와 결혼하였다. 그 노인은 바로 서해 용왕이었으며, 용왕은 거타지를 사신의 배를 따라가게 하여 당나라 임금에게 비범한 인재로 환대를 받고 귀국하여 용녀와 행복하게 살았다는 이야기이다.

　작제건 설화와 아주 비슷하며, 서해 용왕과 관련되는 것이 중요한데 이는 해상세력과 관련이 되는 것이다. 한편 당나라 황제와 연결되는 것도 같은 모습이라고 할 수 있으며, 이것도 선진문물을 받아들이는 개방성을 보여 주고 있는 것이라고 하겠다. 왕건의 가문은 송악 지방에 일정한 세력 기반을 가지면서 서해와 밀접한 관련을 맺고 있다는 것을 설화의 내용을 통해 살펴볼 수 있다. 여기에 토지를 중요시하는 풍수사상을 곁들여 중세사회의 탄생 설화를 복합적으로 구성하고 있는 것이다. 왕건설화는 신성성의 근거를 천신과 같은 초월적 존재에서 구하지 않고 신라의 성골, 당나라 황제와 같은 실제적인 존재와 관련을 시키고 있다. 또한 백두산과 부소산 등 고구려와 백제를 상징하는 지역과 관련시키며, 풍수지리설을 활용하고 있는 것이다. 건국자인 태조 왕건 자신을 신성화하지 않고 풍수지리설 등을 활용하여 선대 조상을 신성화하는 방식의 중세신화는 조선의 건국자인 태조 이성계의 선대 조상을 신성화하는「용비어천가」에 이어진다고 하겠다. 물론「용비어천가」에서도 용이 등장하지만 이는 유교적 합리주의에 입각한 천ᵀ의 관념에 따른 것이라고 하겠다.

4. 왕건상의 발굴과 전시

　북한은 1990년대에 들어서서 고조선, 고구려, 고려의 역사를 북한의 정통성과 관련시켜 중점적으로 연구하고 발굴을 진행하였다. 고조선의 시조인 단군의 무덤을 발굴하고 '단군릉'을 피라미드와 같이 거대하게 개건하고, 고구려의 시조 주몽의 무덤으로 전해지는 동명왕릉과 고려의 건국자 왕건의 무덤도 크게 개건하였다. 이때 왕건릉의 주변에서 왕건의 모습을 청동으로 조각한 왕건상이 발굴되었다. 그 모습이 마치 불상과 같은 분위기였으나 머리에 왕관을 쓰고 앉아 있는 좌상이었는데 아무것도 걸치지 않은 나상이었으며, 더구나 남성의 성기를 조각하여 그대로 노출시켰다. 2000년대 들어서서 북한

…… 왕건왕릉

…… 왕건상

...... 개성 성균관 왕건상 전시

이 개성을 역사문화지구로 하여 세계문화유산을 UNESCO에 신청하였으나 경험이 부족하여 등재가 지지부진하였다. 이때 남북한이 함께 문화유산 교류와 협력 사업을 시작하면서 2003년 개성역사문화유산의 UNESCO 등재를 위한 학술토론회를 개성에서 개최할 때 고려박물관에서 왕건상을 처음으로 볼 수 있었다. 마치 불상을 보는 것 같았으나 아무것도 걸치지 않아 놀랐으며, 특히 남성의 성기를 그대로 조각하여 놓아 이게 정말 고려 태조 왕건의 조각상일까 하는 의구심이 들었다.

국왕들의 초상화는 남아 있는 것들이 있어서 본 적이 있으나 국왕의 조각상은 처음으로 대하니 그럴 수밖에 없었다. 더구나 국왕의 모습을 '벌거벗은 임금' 형태로 조각하고, 성기까지 그대로 노출시켰으니 아연실색하였다. 2006년 국립중앙박물관에서 '북녘의 문화유산 특별전'을 개최할 때 북한의 문화유산 유물 100여 점이 왔는데 이 왕건상이 관람객으로부터 가장 관심을 끌었다. 태조 왕건은 신라의 귀부를 받고 후백제를 멸망시켜 한반도를 재통일한 역사적인 인물이라서 인기가 있었지만 가냘픈 모습과 성기를 그대로 드러낸 점이 더욱 언론과 많은 사람들로부터 집중적 관심을 받은 것 같다.

...... 중앙력사박물관

...... 개성 만월대 남북공동조사단 발굴조사(2014년도)

······ 고려금속활자   ······ 민족화해상 시상식

　이것이 계기가 되어 2007년부터 개성 일대 문화유산을 세계문화
유산으로 등재하는 것을 지원하기 위해 고려 궁성에 대한 발굴 및
복구사업을 모두 5회에 걸쳐 추진하였다. 이 사업은 남북역사학자
협의회와 민족화해협의회 주관으로 국립문화재연구소와 중앙력사
박물관이 공동으로 추진하였는데, 2013년 6월 '개성역사유적지구'가
세계문화유산으로 등재되는 성과를 이끌어 내는 데 많은 기여를 하
였다. 이후 이 사업은 지속적으로 추진되어 2015년 10월에 그 성과
를 모아 서울과 개성에서 남북 공동 출토유물전시회를 가졌다. 이
전시회에도 왕건상이 전시되어 가장 관심을 불러일으켰는데 이때는
비단으로 성기 부분을 가려서 전시를 하였다.

　남북의 공동발굴조사 과정에서 세계에서 가장 오래된 금속활자가
발견되어 우리 민족사뿐만 아니라 세계문명사에 남을 성과를 이루
었다. 같은 기간에 서울에서는 고궁박물관에서 남한에 있는 고려시
대 와당을 비롯한 유물과 증강현실을 이용한 디지털 전시를 하였다.

한편 개성에서는 만월대 앞의 임시 전시장에서 만월대에서 발굴한 유물을 전시하였으나 가장 관심을 끈 것은 왕건상이었다. 이와 같이 남북 공동으로 동시에 남과 북이 각각 공동으로 발굴하여 세계 최고最高의 금속활자를 발견하였으며, 최초로 동시에 전시하였다는 의미를 평가받아 남북역사학자협의회는 민족화합협력협의회가 수여하는 민족화해상을 수상하였다. 사실 이 민족화해상을 받을 사람은 한반도를 재통일한 고려 태조 왕건일텐데 남북역사학자협의회가 대리로 상을 받았다고 생각한다.

16장
한국신화의 특징

　그리스와 로마의 신화는 신들의 직능들이 세분화되어 나타나고 있으며, 이집트 신화의 영향을 받은 것을 알 수 있다. 인도의 신화는 알렉산더 대왕의 동방 원정 이후 헬레니즘 문화의 영향으로 그리스 신화의 영향을 받았다. 이와 같이 서양과 동양의 신화는 사실상 서로 문화적 영향을 받으며 전해져 왔다고 할 수 있다.

　한편 중국신화는 반고신화와 치우신화를 통하여 창세기적 신화와 건국신화가 모두 보이고 있다. 이러한 양상은 일본신화도 마찬가지로 창세기 신화와 건국신화가 다양한 양상을 보이고 여러 신들이 다양하게 나타나고 있는 것이다. 그러나 한국의 신화는 건국신화와 시조신화가 주종을 이루고 있는 것이 특징이라고 하겠다. 제주도 삼성

신화나 무속신화에서 창세기 신화가 보이고 있으나 이는 구전으로 전해진 신화이지 문헌으로 전해진 신화가 아니라고 하겠다.

물론 '환웅신화'는 하늘에서 내려와 농경문화를 전해 주었다는 데 있어서 창세기적 신화의 요소가 엿보인다고 하겠다. 그러나 결국 환웅보다 고조선을 건국한 단군이 강조됨으로써 건국신화로서 전해지게 된 것이다. 6촌장들의 시조신화도 하늘에서 내려온 천강신화라고 하겠다. 그런 면에서 천강신화가 초기국가의 신화에서 공통적으로 나타난다고 해석할 수 있다.

한편 삼국시대에 들어와 고구려의 '주몽신화', 신라의 '박혁거세 신화', 가야의 '김수로 신화'는 하늘에서 내려온 천강신화와 알에서 태어난 난생신화의 두 가지 요소를 복합적으로 보이고 있다. 백제의 '온조설화'는 신화적 신성성이 나타나 있지 않지만 원래는 신화로 전승되었을 것이다. '석탈해 신화'와 '김알지 신화'는 건국신화가 아니라 시조신화라고 할 수 있다. 이와 같이 삼국시대의 신화는 천강신화와 난생신화가 복합된 것이 특징이라고 하겠다.

문무왕의 수중릉과 신문왕의 '만파식적 설화'를 계기로 신화에 용이 나타나며, 견훤과 왕건의 신화의 경우에도 용이 나타나는 변화를 보이고 있다. 이는 천강신화와 난생신화가 고대신화라고 한다면 용신과 산신이 신화에 등장하는 것은 중세신화로 변화된 것이라 해석할 수 있다. 이러한 변화는 용비어천가에서도 엿볼 수 있는 것이다. 이는 토지와 바다를 중요시하는 중세사회의 특징이 신화에 반영된 것이라고 하겠다. 따라서 이 시기에 풍수지리설이 함께 나타났다는 점을 주목하여야 할 것이다.

1. 한국신화의 복합성

한국의 토착신앙과 외래의 종교와 문화융합현상을 보이는 대표적인 경우가 유·불·선 융화를 이룬 화랑도라고 할 수 있다. 이러한 문화융화현상으로 인한 한국문화의 중층성과 복합성은 한국 고대의 신화에서부터 엿볼 수가 있는 것이다.

'환웅신화'에서 시작된 천강신화는 '6촌장 신화'에서 나타나며, 고구려, 신라, 가야의 건국신화에도 나타난다. 그러나 고구려, 신라, 가야의 건국신화는 천강신화와 알에서 태어난다는 난생신화가 복합적으로 나타나고 있다. 흔히들 한국의 신화를 천강신화와 난생신화로 나누어 북방신화와 남방신화라고 나누어 고찰하였지만 앞에서 보았듯이 한국 고대의 신화는 천강신화는 초기국가에 나타나며, 삼국시대에는 천강신화와 난생신화가 복합적으로 나타나는 것이 특징이라고 하겠다. 고구려의 '주몽신화', 신라의 '박혁거세 신화', 가야의 '김수로 신화'가 바로 그것이다.

한편 삼국 통일전쟁 이후 문무왕의 수중릉과 신문왕의 '만파식적 설화'를 계기로 천강신화나 난생신화가 용이 나타나는 용신신화로 바뀌게 되었다. 이러한 용신신화는 '견훤설화'에서는 지렁이池龍, '왕건설화'에는 용으로 나타나 중세신화의 모습을 보이고 있다. 물론 승자는 용으로, 패자는 지룡으로 표현되고 있지만 후백제가 존재하였을 때는 마찬가지로 용신신화였을 것이다. '왕건설화'의 경우에는 용신과 함께 산신이 강조되고 있는바 이는 중세신화로 변화는 모습을 잘 보여 주고 있다고 하겠다. 「용비어천가」에서도 용이 등장하지만 이는 유교적 합리주의에 입각한 천^{天}의 관념에 따른 것이라고 하겠다.

신화는 제의에서 그 내용이 전달되고 확장성을 가지게 된다. 따라서 제의를 통하여 신화의 내용과 메시지가 이어지게 되는 것이다. '단군묘', '동명묘', '시조묘' 등에 대한 제의를 통하여 그러한 신화의 내용이 구술되고 공동체적 일체감을 유지하였을 것이다. 그런데 한국 고대의 신화는 천지창조에 대한 신화는 문헌으로는 전해지지 않고, 구전으로만 남아 있을 뿐이다. 문헌으로 남아 있는 신화는 모두 건국신화나 시조신화에 집중되어 있는 것이 한국신화의 특징이라고 하겠다. 물론 '천지왕본풀이'나, '당금아기 신화'와 같이 우주의 천지창조에 대한 신화가 구전으로 전하고 있기는 하지만 한국 고대의 신화의 중심은 국가를 형성하는 건국신화가 대종을 이루고 있다. 『삼국유사』'고조선조'에 전하는 소위 '단군신화'를 비롯하여 부여의 '동명신화', 신라의 '박혁거세 신화', 백제의 '온조와 비류신화', 금관가야의 '김수로 신화'와 대가야의 '이진아시 신화' 등이 대표적인 것이라고 할 수 있다. 또한 후삼국시대의 궁예와, 견훤 및 왕건의 신화도 건국신화라고 할 수 있는 것이다. 전자가 고대 국가의 건국신화라고 한다면 후자는 중세국가의 건국신화라고 할 수 있을 것이다.

신화는 신들의 이야기이지만 인간들의 필요에 따라 만들어진 이야기이기 때문에 당시의 역사적 사실을 반영하고 있다. 따라서 신화는 단순히 상상력을 발휘한 허구에 지나지 않는 것이 아니라 역사적 의미를 포함하고 있다. 따라서 우리는 신화를 통하여 당시의 역사적 의미를 고찰하며, 특히 신화의 현장에서 그 의미를 현장감 있게 느낄 수 있는 것이다. 요즈음 문헌에서 나타난 신화의 내용과 관련된 자료들이 고고학 발굴현장에서 발굴되어 신화의 역사적 의미를 더해 주고, 현장감을 더욱 느끼게 하고 있다.

2. 한국문화의 중층성

원래 한국의 토착신앙은 천신을 받드는 천신신앙과 산신을 모시는 산신신앙, 그리고 수신을 숭배하는 수신신앙 등이 기본이었다. 거기에 시베리아로부터 샤머니즘이 들어와 무속신앙으로 이어져 왔으며, 인도에서 발생한 불교가 중국을 거쳐 한국에 들어와 한국의 전통문화로 자리를 잡았다. 그리고 중국으로부터 유입된 유교와 도교도 한국의 전통문화로 자리를 잡았으며, 서양으로부터 전래된 천주교와 개신교도 한국인의 정신문화에 큰 영향을 미치고 있다.

삼국시대 불교가 전래되어 수용되는 과정에서 고구려나 백제는 별 문제가 없었지만 신라의 경우는 갈등과 대립이 심하였다. 그것을 잘 보여 주는 사건이 바로 이차돈의 순교인데 발단은 토착신앙의

성소인 천경림^{天鏡林}에 흥륜사
興輪寺를 조영하려는 데서 비
롯된 것이다. 『삼국유사』를
보면 신라시대 최초의 사찰
인 흥륜사를 조영할 때 석감
등 건축자재가 이미 있었다
는 기록이 있어 절을 지으려
던 그 자리에 이미 다른 건조
물이 있었다는 것을 알 수 있
다. 더구나 그 지역의 명칭이
천신신앙과 관련된 토착신앙
의 신성공간이라는 것을 알
수 있다.

...... 이차돈순교비

　사실 이차돈이 순교하게 된 결정적인 이유가 바로 토착신앙의 신
성공간에 사찰을 지으려 한 데에 있었다. 이 과정에서 토착신앙과
불교는 갈등을 빚게 되었고, 결국 불보살을 모시는 대웅전과 함께
기존의 토착신을 모시는 산신각을 짓게 된 것이다. 지금 남아 있는
토착신앙의 신성공간은 지역에 따라 차이가 있기는 하지만 대체로
삼중구조로 되어 있다. 맨 아래쪽에 하당으로 불리는 장승과 솟대,
중간에 중당으로 불리는 돌무더기 서낭당, 맨 위쪽에 상당으로 불리
는 산신당으로 구성되어 있다.

　오래된 사찰의 가람배치를 살펴보면 맨 아래쪽에 장승, 중간에 대

…… 순천 선암사 가람 배치

웅전, 맨 위쪽에 산신각이 배치되어 있다. 결국 토착신앙의 신성공
간의 상·중·하당의 구조가 유지되면서 불보살을 모시는 대웅전이
중당에 배치된 것이다. 따라서 산신각은 대웅전 뒤꼍으로 밀려난 것
이 아니라 대웅전 위쪽에 상당으로 자리잡은 셈이다. 지금도 절을
찾는 많은 신도들이 불보살을 모시는 대웅전에서 예불을 드리고, 소
원을 기원할 때는 산신각까지 올라가 산신에게 비는 것이다.

　종래는 조선시대 숭유억불정책에 의해 사찰이 도성에서 쫓겨나
산으로 옮겨 가게 되어 민간신앙과 야합하게 되면서 산신을 모시
는 산신각이 사찰의 뒤꼍에 자리 잡게 되었다고 이해하였다. 그러
나『삼국유사』'선도성모수희불사조仙桃聖母隨喜佛事條'를 보면 사찰에서

······ 선도산 성모사

산신을 모셨다는 기록이 신라시대부터 나타난다. 경주 서쪽에 있는 선도산에 신라 진평왕 대에 지혜라는 비구니가 절을 짓고자 하였으나 재력이 없어 고민을 하고 있었다. 꿈에 선도산의 성모山神가 나타나 어떤 장소를 일러 주며 그곳을 파 보면 금이 나올 것이니 그것을 가지고 절을 지으라고 하였다. 비구니 지혜가 꿈에서 깨어나 그곳을 파 보니 과연 금이 있어 이를 가지고 절을 지었으며, 선도산 산신의 말에 따라 불보살과 산신을 함께 모셨다는 것이다. 토착신앙과 불교가 처음에는 갈등과 대립을 하지만 차츰 타협점을 찾아 융화되는 모습을 보이고 있는 것을 알 수 있다. 따라서 종래는 무불교대巫佛交代라는 개념으로 이해를 하였지만 선불융화仙佛融和라고 표현해야 올바른 것이다.

이와 같이 토착신앙과 불교와의 관련성을 보여 주는 자료로『삼국유사』'아도기라조'를 보면 일곱 지역의 전불前佛 시대 가람터에 대한 내용이 기록되어 있다. 금교 동쪽의 천경림에는 흥륜사, 삼천기에는 영흥사, 용궁 남쪽에는 황룡사, 용궁 북쪽에는 분황사, 사천미에는 영묘사, 신유림에는 사천왕사, 서청전에는 담엄사가 조영된 것으로 기록되어 있다. 그 명칭으로 볼 때 천신신앙뿐만 아니라 수신신앙, 용신신앙, 수목신앙, 토지신앙과 관련된 신성지역에 사찰이 들어서고, 기존에 모시던 천신, 산신, 용신, 수목신, 토지신 등을 함께 모심으로서 상·중·하당의 복합적이고 중층적인 공간배치를 하게 된 것이다.

흥륜사지(현 경주공업고등학교)　　　영흥사지　　　황룡사지

분황사　　　영묘사지(현 흥륜사)　　　사천왕사지 발굴 평면도　　　담엄사지

…… 신라 전불칠처가람지

최초의 사액서원인 영주에 있는 소수서원에 가 보면 소수서원 입구에 고려시대의 숙수사지 당간지주가 남아 있는 것을 볼 수가 있다. 이것은 고려시대에 있었던 불교사찰인 숙수사에 조선시대 유학의 교육을 위한 최초의 사액서원인 소수서원이 들어섰다는 것을 보여 주고 있다. 그러나 절터에 소수서원이 들어서게 됨으로써 소수서원의 공간배치를 보면 가람배치의 구조를 따르고 있

...... 소수서원 경역 내 숙수사지 당간지주

는 것을 알 수 있다. 한국문화의 중층성을 보여 주는 대표적인 사례라고 하겠다. 또한 진주 옥봉에도 무당집, 사찰, 향교, 옥봉 성당, 개신교 교회, 신흥종교 교당 등이 공존하고 있는데 이것 역시 한국 문화의 중층성을 잘 보여 주고 있는 것이다. 이러한 사례는 진주의 옥봉 뿐만 아니라 전국 방방곡곡에서 볼 수 있는 현상으로 한국문화의 중층성이 일반적이라는 것을 알 수 있다. 이것은 한국신화의 복합성에서 비롯하여 최치원 선생이 언급한 유·불·선 융화의 화랑도의 전통을 면면히 계승한 것으로 해석할 수 있다.

참고문헌

저서

강재철,『한국설화문학의 탐구―한국 설화의 전통적 접근』, 단국대출판부, 2010.

고구려연구재단,『고조선·단군·부여』, 고구려연구재단, 2004.

김두진,『삼국유사의 사학사적 연구』, 일조각, 2014.

김상현,『신라의 사상과 문화』, 일지사, 1999.

김태곤,『황천무가연구』, 창우사, 1966.

김태식,『사국시대의 가야사 연구』, 서경문화사, 2014.

김형준,『인도신화』, 청아출판사, 2015.

김화경,『한국 신화의 원류』, 지식산업사, 2005.

동북아세아연구회,『삼국유사의 연구』, 중앙출판, 1982.

동북아역사재단 편,『고조선 단군 부여』, 동북아역사재단, 2007.

문성화,『삼국사기와 삼국유사의 역사인식과 역사의식』, 소명출판, 2015.

박종성·강대진,『신화의 세계』, 한국방송통신대학교출판부, 2006.

박진태 외,『삼국유사의 종합적 연구』, 박이정, 2002.

볼핀치, 토머스 저, 김인영 옮김,『그리스 로마 신화』, 홍신문화사, 2004.

서영대 편,『북한학계의 단군신화 연구』, 백산자료원, 1995.

서영대·송화섭 엮음,『용, 그 신화와 문화』한국편, 민속원, 2002.

송기호,『발해정치사연구』, 일조각, 1995.

삼국유사의 신화이야기

엘리아데 저, 이윤기 역,『샤마니즘』, 까치글방, 1992.

원가 저, 정석원 역,『중국의 고대신화』, 문예출판사, 1992.

이장웅,『신화 속에 깃든 백제의 역사』, 학연문화사, 2017.

정재서,『이야기 동양신화』중국편, 김영사, 2010.

정진홍 외,『신화와 역사』, 서울대학교 종교문제연구소, 2003.

조현설,『동아시아 건국신화의 역사와 논리』, 문학과 지성사, 2003.

주보돈,『가야사 새로 읽기』, 주류성, 2017.

지준모,『삼국유사의 어문학적 연구』, 이회출판사, 2004.

채상식,『일연, 그의 생애와 사상』, 혜안, 2017.

최광식,『고대 한국의 국가와 제사』, 한길사, 1994.

최광식,『백제의 신화와 제의』, 주류성, 2006.

최광식,『실크로드와 한국문화』, 나남출판사, 2013.

최광식,『우리 고대사의 성문을 열다』, 한길사, 2005.

최광식,『우리나라 역사와 민속』, 지식산업사, 2012.

최광식,『역주 계원필경집』, 고운국제교류사업회, 2016.

최광식,『읽기 쉬운 삼국유사』, 고려대학교 출판문화원, 2015.

최광식,『중국의 고구려사 왜곡』, 살림출판사, 2004.

최광식,『한국의 토착신앙과 불교』, 고려대출판부, 2007.

최광식·박대재,『역주 삼국유사』, 1-3, 고려대출판부, 2014.

최광식·박대재,『점교 삼국유사』, 고려대출판부, 2009.

최남선,「삼국유사 해제」,『증보 삼국유사』, 민중서관, 1954.

프레이저 저, 장병길 역,『황금가지』, 삼성출판사, 1977.

한국정신문화연구원,『삼국유사의 종합적 검토』, 한국정신문화연구원, 1987.

한규철,『발해의 대외관계사』, 신서원, 1994.

논 문

강재철, 「한국 사서설화에 나타난 비상인물화의 양상과 의미」, 『단국대 논문집; 인문사회과학편』 33집, 단국대학교, 1998.

김상현, 「삼국유사에 나타난 일연의 불교사관」, 『한국사연구』 20, 한국사연구회, 1978.

김태영, 「삼국유사에 보이는 일연의 역사인식에 대하여」, 『경희사학』 5, 경희대학교 사학과, 1974.

박대복, 「〈고려세계〉에 나타난 시조신화의 성격과 문학사적 의미」, 『어문연구』 39, 어문연구회, 2011.

손진태, 「삼국유사의 사회사적 고찰」, 『학풍』 2-1, 1949.

정상진, 「견훤설화 재고」, 『도남학보』 15집, 도남학회, 1996.

조현설, 「궁예이야기의 전승양상과 의미」, 『구비문학 연구』 2집, 한국구비문학회, 1995.

채상식, 「보각국존 일연에 대한 연구」, 『한국사연구』 26, 한국사연구회, 1979.

최광식, 「대가야의 신화와 제의」, 『대가야의 역사와 문화』, 경상북도, 1995.

최광식, 「삼국유사의 문화사적 가치」, 『신라문화』 49, 동국대학교 신라문화연구소, 2017.

최광식, 「손진태 유고집의 내용과 성격」, 『한국사학보』 30, 고려사학회, 2008.

최광식, 「신라의 건국신화와 시조신화」, 『한국사』 7, 국사편찬위원회, 1998.

최광식, 「신라의 화랑도와 풍류도」, 『사총』 87, 고려대학교 역사연구소, 2016.

최광식, 「일연의 불교사 인식」, 『삼국유사연구』, 일연학연구원, 2005.

최광식, 「한국·중국·일본의 제사제도 비교연구─팔각건물지를 중심으로」, 『선사와 고대』 27, 2007.

최광식, 「환웅천왕과 단군왕검에 대한 역사민속학적 고찰」, 『한국사학보』 60, 고려사학회, 2015.

최 웅, 「역사기록과 구전 설화로 본 궁예」, 『인문과학연구』 27집, 강원대 인문과학연구소, 2010.

허인욱, 「『고려세계』에 나타나는 신라계 설화와 『편년통록』의 편찬의도」, 『사총』 56,
    고려대사학회, 2003.

『삼국유사』의
신화 이야기